Le Conseil des Anciens
de la Ville de Mulhouse
Stadtseniorenrat Freiburg i.B.

Mémoires de jeunesse Franco-Allemande

Deutsch-Französische Jugenderinnerungen

Préface

Ce troisième livre relate les souvenirs d'enfance, d'adolescence et la jeunesse de quelques membres du « Conseil des Anciens de la Ville de Mulhouse » et du « Stadtseniorenrat de Fribourg ».

Laissez-vous entraîner et découvrir au fil des pages : des aventures, de l'émotion, de l'humour, des rires et des sourires pleins de tendresse.

Le point d'orgue étant le témoignage des liens d'amitiés, tissés au fil des ans, entre nos deux Conseils.

Laissez-vous emporter par la magie de la mémoire et ensemble savourons ces belles histoires de la jeunesse Franco-allemande.

Monique LEBORGNE
Présidente du Conseil des Anciens
de la Ville de Mulhouse

Vorvort

Dieses dritte Buch erzählt die Kindheits und Jungenderinnerungen von einigen Mitglieder

der Stadtseniorenräte von Mulhouse und Freiburg.

Beim lesen dieser Seiten, entdecken sie Abenteuer, Humor und zärtliche Lächeln.

Der Höhepunkt dieses Buches ist die Bezeugung der Freundschaftsbände zwischen den beiden Stadträte.

Lassen sie sich durch den Zauber der Erinnerung hinreissen, und geniessen wir zusammen diese Erinnerungen der Deutsch-Französische Jugend.

Vorwort

Seit einer Reihe von Jahren veranstalten die Stadtseniorenräte von Freiburg und Mulhouse regelmäßige Treffen zum Austausch von Ideen und Erfahrungen und um gemeinsame Projekte in ihren Städten zu entwickeln und auch durchzuführen.

Die Chronik berichtet von Besuchen und Gegenbesuchen von 1993 – 1997 und wiederum von 2003 bis heute, wie die Mitglieder beider Räte zusammenwachsen und zu Freunden werden.

Die Elsässer verfolgen ein spannendes Buchprojekt; in der Reihe „Jeunesse des Anciens“ veröffentlichen sie ihre eigenen Erinnerungen; die sehr persönlichen Geschichten ergänzen die offizielle Geschichtsschreibung.

So entsteht im Dezember 2003 die Idee, ein gemeinsames zweisprachiges Buch über eine gemeinsame, französisch-deutsche Vergangenheit zu schreiben, damit die private Geschichte nicht verloren geht.

Das Ergebnis ist die vorliegende Dokumentation, in der französische und deutsche Zeitzeugen ihre eigenen Erlebnisse aus den Vor- und Nachkriegstagen erzählen.

Dieses Buch zeigt, wie die Menschen beider Staaten sich gegen Widerstände und Vorurteile einander näherten und wie allmählich Freundschaften geschlossen wurden. Es ist Teil des Begegnungsprojektes der beiden Seniorenräte zur Pflege und Weiterentwicklung der deutsch-französischen Freundschaft.

Dr. Ellen Breckwoldt
Stadtseniorenrat Freiburg

Préface

Depuis quelques années, les conseils des anciens de Fribourg et de Mulhouse organisent des rencontres régulières pour échanger des idées, pour partager des expériences et enfin pour développer, monter et réaliser des projets communs dans leurs villes.

Les visites mutuelles avaient lieu entre 1995 et 1997, et elles recommencèrent en 2003. Au cours des années, les anciens des deux villes se sont rapprochés et ils sont devenus amis.

Les Alsaciens poursuivent un projet remarquable: Ils publient leurs mémoires personnelles dans la série «La Jeunesse des Anciens». Ces anecdotes complètent l'histoire officielle.

En décembre 2003, l'idée naquit d'écrire ensemble un livre bilingue, pour raconter une histoire mutuelle, franco-allemande, d'un point de vue très personnel.

Cette documentation en est le résultat. Les Français et les Allemands racontent leurs propres expériences du temps de la guerre.

Ce livre montre comme les gens des deux pays se sont rapprochés, malgré les difficultés et les préjugés, et comme ils sont devenus amis. Il fait parti du «projet commun» des deux conseils des anciens pour le soin et le développement de l'amitié franco-allemande.

Dr. Ellen Breckwoldt

Introduction

Au moment de boucler ce troisième livre des mémoires des «Anciens», je me rappelle du plaisir que j'éprouvais dans ma jeunesse, lorsqu'on m'offrait un livre. Les jouets étaient rares, et posséder un livre, c'était acquérir des savoirs certes, mais c'était également s'évader du quotidien, vivre une aventure ou l'imaginaire n'avait pas de limite.

Ce troisième livre, réalisé en collaboration avec le Stadtseniorenrat de Fribourg en Brisgau, est probablement le dernier témoignage écrit par «les anciens jeunes» des deux rives du Rhin, que la folie humaine a dressé les uns contre les autres.

Ce livre n'a aucune prétention, il a été écrit par les auteurs qui ont vécu ces petites histoires. Ils ne sont ni journalistes, ni historiens et ne portent aucun jugement sur le passé, mais simplement des femmes et hommes qui racontent avec leur cœur ce que leur mémoire a su sauvegarder. Aujourd'hui nous voulons simplement laisser une trace de notre douloureux passé et regarder ensemble vers un avenir apaisé que l'Europe devrait savoir préserver.

Quelques auteurs nous ont déjà quittés, petit à petit les bougies s'éteignent les unes après les autres, et bientôt il ne restera que ce livre en témoignage de leur passage. J'espère que ce livre rencontrera autant de succès que les deux premiers et trouvera sa place dans toutes les bibliothèques familiales.

Raymond Woog
Président de la Commission «Mémoire collective»
du Conseil des Anciens de la Ville de Mulhouse

Vorwort

Da das Buch der «Jugendgeschichte» soweit fertig ist, erinnere ich mich an die Freude, die ich in meiner Jugend hatte, als man mir ein Buch schenkte. Spielzeug war eine Mangelware, aber ein Buch zu besitzen erlaubte uns Kenntnisse zu gewinnen, aber auch sich vom Alltäglichen zu entfernen, ein Abenteuer zu erleben wo die Fantasie keine Grenzen kennt.

Dieses Buch, das zusammen mit Mitgliedern des Stadtseniorenrats Freiburg i.B. geschrieben wurde, ist wahrscheinlich das letzte Zeugnis, das von den «früheren Jungen» beider Seiten des Rheins geschrieben wurde, die der menschliche Wahnsinn gegeneinander aufgehetzt hatte.

Dieses Buch hat keine Ansprüche, es wurde von Autoren zusammengestellt, die diese kleinen Geschichten erlebt hatten. Sie sind weder Journalisten, noch Historiker und sie tragen kein Urteil über die Vergangenheit ; es sind einfach nur Frauen und Männer, die mit ihrem Herzen erzählen was ihr Gedächtnis bewahrt hat. Heute wollen wir nur eine Spur hinterlassen über unsere schmerzhafte Vergangenheit und gemeinsam gegen eine beruhigte Zukunft blicken, die Europa bewahren muss.

Ein paar Autoren haben uns schon verlassen. Allmählich erlöschen die Kerzen, eine nach der anderen und bald bleibt nur noch dieses Buch als Zeuge ihres Daseins.

Ich hoffe, dass dieses Buch eben soviel Erfolg hat, wie die zwei ersten Bände, und dass es seinen Platz in jeder Familienbibliothek finden wird.

Raymond Woog

Avant la Guerre
Vor dem Krieg

Eine deutsche Familie im Elsass

Mein Opa, geboren 1860 als sechstes Kind eines Gerichtsnotars an der Bergstraße, wurde Apotheker. Er heiratete 1887 eine Frankfurterin und sie kauften im damals deutschen Elsass in Pfirt (heute Ferrette) eine Apotheke. 1888 kam dort mein Vater auf die Welt.

Vater studierte in München Pharmazie, wurde beim Sportverein 1860 ein guter Sprinter und nahm 1912 in Stockholm als Läufer an der Olympiade teil. Im 1. Weltkrieg überlebte er als Sanitäter Sedan und Verdun, kam 1918, trotz Versprechungen der französischen Regierung, im Elsass lebende Deutsche nicht zu inhaftieren, kam er troztdem in ein Gefangenenlager bei Versailles, wo er fast verhungerte. Als er 1919 hörte, alle Deutsche seien jetzt im Elsass ausgewiesen worden, floh er per Zug nach Epinal und von dort zu Fuß nach Deutschland. Als Botaniker kannte er diese Gegend genau, auch sprach er fließend französisch.

Opa war von 1887 – 1919 Apotheker in Pfirt und viele Jahre ein allseits beliebter Bürgermeister.

Anfang 1919 wurden alle Deutschen mit 30 Pfund Handgepäck aus dem jetzt französischen Elsass ausgewiesen, Apotheke und Haus konfisziert, es gab nie eine Entschädigung. Im offenen Lastwagen brachte man die Deutschen nachts bis zur Grenze in der Mitte des Rheins, setzte sie dort ab und fuhr weg. Die 90-jährige rüstige Mutter meines Opas holte sich dabei eine Lungenentzündung und starb drei Wochen später in Freiburg. Die Großeltern kamen in einem Auffanglager unter.

Drei Geschwister von Opa, die 1912 nach Amerika ausgewandert waren, suchten über Basel in verschiedenen Zeitungen ihren Bruder und fanden ihn in Freiburg. Über einen Rechtsanwalt in Basel übermittelten die Geschwister dann Golddollars zum Kauf einer Apotheke im Schwarzwald. Als mein Vater nach der Flucht bei seinen Eltern eintraf, wog er keine 50 kg mehr.

1921 heirate Vater eine Münchnerin, die er beim Studium kennen gelernt hatte. 1924 kam ich als zweite Tochter zur Welt.

Opa starb 1938, es blieb ihm erspart noch einen Weltkrieg erleben zu müssen.

Als 1940 der Krieg gegen Frankreich begann, flohen im Elsass sehr viele Geschäftsleute ins unbesetzte Frankreich, die Häuser und Geschäfte wurden geschlossen und standen leer. So auch in Gebweiler (jetzt Guebwiller) der drittgrößten Stadt im Ober Elsass. Alle drei Apotheken waren geschlossen, die Bevölkerung ohne Arzneiversorgung. In Baden wurden dringend Apotheker gesucht, die bereit waren, im Elsass eine Apotheke kommissarisch zu verwalten. Vater wollte gerne zurück in sein „Ländle“, das 30 Jahre seine Heimat gewesen war.

Er meldete sich und übernahm, 52 Jahre alt, 1940 die mittlere Apotheke in Gebweiler und zog mit allen Möbeln der Großeltern ins Elsass. Die leere Wohnung im Haus bekam der Pächter. Ich blieb bis zum Abitur 1943 in unserer Wohnung und begann sofort in Gebweiler das Apothekerpraktikum. In die Wohnung kamen sogleich ausgebombte Verwandte aus Krefeld.

Während meiner Abiturwoche 1943 wurden die anderen Großeltern in München total ausgebombt, Opa überlebte nicht, Oma wohnte danach bei uns im Elsass.

Im März 1944 erwartete meine Mutter ein Kind, es sollte aber auf keinen Fall im Elsass geboren werden und so warteten Mutter und ich in Freiburg, bis es Mitte März zur Welt kam. Danach waren wir alle wieder im Elsass.

Als im Mai 1944 unsere Verwandten die Wohnung im Schwarzwald verließen, wurde die Wohnung für Flüchtlinge beschlagnahmt. Sofort übernahmen Oma, Mutter und Kind die leere Wohnung, Vater und ich blieben im Elsass. Als Vater im September einige Tage Urlaub machen wollte, kam er im Zug bei Neuenburg unter Tieffliegerbeschuss und wurde sehr schwer verwundet. Das neue Lazarett Römerbad in Badenweiler nahm die vielen Verwundeten auf. Vater wurde viele Stunden operiert und von den meisten Eisen- und Glassplittern befreit und die Wunden wurden vernäht. Mitte November kam Vater wieder nach Gebweiler zurück.

Die Front war inzwischen so nahe, dass wir Dauerfliegeralarm hatten und ständig Geschützdonner hörten. Durch Bomben gingen alle Fensterscheiben zu Bruch, ebenso die zwei großen Schaufenster. Wir wohnten danach in einem kleinen Dorfgasthaus, dessen Wirtin eine Schulkameradin von Vater war. Hier wohnte auch ein Mann in Zivil mit Sonderauftrag und Lastwagen. Er kam Ende November 1944 aufgeregt zu uns: „Schnell, wir müssen fort, die Alliierten sind bei Altkirch durchgebrochen und auf dem Weg hierher". Wir warfen unsere Kleider usw. in bereit stehende Kisten und auf den offenen Lastwagen, dazu die Schreibmaschine und unsere Fahrräder. Bei Dunkelheit, Regen und Kälte fuhren wir auf vollen Straßen nach Straßburg zur letzten Brücke über den Rhein. Morgens um vier Uhr überquerten wir sie, zwei Stunden später wurde sie von den Amerikanern besetzt. Damit war das Elsass abgeschnitten.

In Offenburg wurden wir einfach mit allem Gepäck am Straßenrand abgesetzt und nun gestand er uns, er sei desertiert und fuhr weg. Vater fand in Offenburg eine Spedition, die das Gepäck mitnahm und versorgte. Nach Kriegsende haben wir es wieder erhalten. Wir selbst brauchten vier Tage, bis wir im Schwarzwald bei Mutter waren.

Im März 1945 machte ich im schwerbeschädigten Augsburg, zwischen Bombenalarm in einer kalten Turnhalle (spricht ausgelagerten Heilig-Kreuz-Apotheke) die Prüfung als Vorexaminierte. Die Prüflinge kamen als Flüchtlinge aus allen Teilen Deutschlands. Nach bestandener Prüfung wurde ich sofort in eine andere

Apotheke im Allgäu kriegsdienstverpflichtet, wo ich das Kriegsende, ständig hungrig, erlebte.

Der Krieg war zu Ende, ich brauchte knapp vier Tage bis in den Schwarzwald zu den Eltern.

Am 1. September 1945 übernahm Vater wieder unsere Apotheke mit Hilfe der französischen und deutschen Verwaltung. Durch die Denunziation der Frau des früheren Pächters wurde Vater im Oktober 1945 von den Franzosen in der Apotheke verhaftet und erst nach 23 Monaten Haft entlassen. In diesen 23 Monaten führten eine eingesetzte Apothekerin und ich die Apotheke.

Bald danach kam die Währungsreform und drei Monate später begann ich das Pharmaziestudium in Freiburg.

Inge WOLZ

Une famille allemande en Alsace

Mon grand-père, né en 1860, 6ème enfant d'un huissier de justice, était pharmacien. En 1887, il épousa une jeune fille de Francfort et ils achetèrent une pharmacie à Ferrette, en Alsace (qui était allemande à cette époque). Mon père y naquit en 1888. Il a fait des études de pharmacien à Munich et était au sein de l'association sportive un bon sprinter. Il a participé aux Olympiades de Stockholm en 1912. Il a survécu à Sedan et Verdun pendant la première guerre mondiale en tant qu'infirmier. En 1918, il est interné dans un camp de prisonniers près de Versailles, où il a failli mourir de faim, malgré les promesses du gouvernement français de ne pas interner les ressortissants allemands vivant en Alsace. Lorsqu'il a appris en 1919, que tous les Allemands vivant en Alsace étaient expulsés, il s'est évadé en train jusqu'à Epinal et de là, à pied jusqu'en Allemagne.

En tant que botaniste, il connaissait bien la région et parlait couramment le français. Mon grand-père était pharmacien à Ferrette de 1887 à 1919 et, pendant plusieurs années, un maire apprécié de tout le monde.

Début 1919, tous les Allemands vivant en Alsace redevenue française, étaient expulsés avec 30 kg de bagages à main. Mon grand-père a été dépossédé de sa pharmacie et de sa maison. Un camion découvert a transporté de nuit, les Allemands jusqu'à la frontière, les a déposés sur les rives du Rhin et est reparti. Mon arrière-grand-mère, une solide nonagénaire a attrapé une pneumonie et mourut 3 semaines plus tard. Les grands-parents ont été hébergés dans un centre d'accueil à Fribourg.

Trois sœurs de mon grand-père, qui avaient émigré en 1912 en Amérique cherchèrent, par le biais des journaux bâlois, à retrouver leur frère et le trouvèrent finalement à Fribourg.

Par l'intermédiaire d'un avocat de Bâle, elles envoyèrent des dollars en or, pour l'achat d'une pharmacie en Forêt Noire.

Lorsque mon père arriva chez ses parents après son évasion, il pesait moins de 50 kg.

En 1921, mon père épousait une Münichoise, qu'il a connue pendant ses études. En 1924, je vins au monde. Mon grand-père mourut en 1938. La 2ème guerre mondiale lui a été épargnée.

Lorsqu'en 1940 la guerre contre la France éclata, beaucoup de commerçants alsaciens se réfugièrent dans la France inoccupée. Les maisons et magasins restèrent vides. Ainsi à Guebwiller, la 3ème grande ville d'Alsace, les 3 pharmacies étaient fermées et la population privée de médicaments. En Bade on cherchait d'urgence des pharmaciens qui étaient d'accord pour prendre la gérance d'une pharmacie en Alsace. Mon père voulait bien retourner dans la région qui a été pendant 30 ans son pays natal, c'est la raison pour laquelle il a pris à 52 ans la gérance d'une pharmacie à

Guebwiller. Il est arrivé avec armes et bagages en Alsace. En tant que gérant, nous disposions du logement dans la maison même. J'y restais jusqu'au baccalauréat (1943) et je commençais aussitôt à Guebwiller mon apprentissage en pharmacie. Des membres de notre famille de Krefeld, totalement sinistrés, sont venus habiter avec mes parents.

En 1943, les autres grands-parents furent sinistrés à Munich. Mon grand-père ne survécut pas ; ma grand-mère est venue vivre avec nous en Alsace.

En mars 1944, ma mère attendait un enfant. Il ne devait en aucun cas venir au monde en Alsace ; ainsi ma mère et moi-même attendions sa naissance à Fribourg, jusqu'à mi-mars. Puis, nous étions de nouveau tous en Alsace.

Lorsqu'en mai 1944, des membres de notre famille ont quitté notre appartement en Forêt Noire, celui-ci a été réquisitionné pour les réfugiés. Aussitôt, ma grand-mère, ma mère et l'enfant occupèrent le logement vide. Papa et moi-même sommes restés en Alsace. Lorsque papa voulait partir en vacances en septembre, le train dans lequel il se trouvait, a été bombardé près de Neuenbourg. Papa a été gravement blessé. Le nouvel hôpital militaire, installé à l'hôtel «Römerbad» à Badenweiler, a reçu les nombreux blessés. Une opération de plusieurs heures libéra mon père des éclats de verre et ses blessures ont été soignées. En novembre, il était de retour à Guebwiller.

Entre-temps, le front était si proche, que nous étions en permanence en alerte aérienne et que nous entendions sans cesse le bruit du canon. Les fenêtres et les vitrines étaient brisées par les bombardements. Nous habitions par la suite dans une petite auberge, dont l'aubergiste était une camarade de classe de papa. Il y avait également un homme en civil, en «mission spéciale», qui avait un camion. Fin novembre il est venu nous voir, très énervé, en nous disant : «Vite, nous devons partir, les alliés sont près d'Altkirch et se dirigent vers ici». Nous avons jeté nos habits dans des caisses préparées d'avance, et les avons chargées sur le camion, ainsi que la machine à écrire et nos vélos. Nous roulions de nuit, sous la pluie et le froid. Vers 4 heures du matin, nous avons traversé le dernier pont sur le Rhin à Strasbourg. Deux heures plus tard, il était occupé par les Américains. Ainsi, nous étions coupés de l'Alsace. On nous a «débarqués» à Offenbourg, sur le trottoir. Notre compagnon nous a avoué «Je suis déserteur», puis s'est éclipsé.

Mon père a trouvé à Offenbourg une entreprise de transport qui a pris nos bagages. Nous les avons récupérés après la guerre. Nous avons mis 4 jours pour rejoindre ma mère en Forêt Noire.

En mars 1945, j'ai passé mon examen préparatoire à Augsbourg totalement sinistrée, entre les alertes aériennes et dans une salle de gymnastique froide. Les candidats venaient, en tant que réfugiés, de tous les coins d'Allemagne. Après avoir réussi mon examen, j'étais aussitôt affectée dans une autre pharmacie, dans «l'Allgau» en tant que «personnel contraint au travail obligatoire pendant la guerre» où j'ai vécu, toujours affamée, la fin de la guerre.

La guerre était finie. J'ai mis 4 jours pour rejoindre mes parents en Forêt Noire.

Le 1er septembre 1945, mon père a repris notre pharmacie avec l'aide de l'administration française et allemande.

Suite à la dénonciation par la femme de l'ancien gérant, mon père a été arrêté dans sa pharmacie par les Français, en octobre 1945, et n'a été libéré qu'après 23 mois de captivité. Pendant ces 23 mois, une pharmacienne de remplacement et moi-même avons exploité la pharmacie.

Peu de temps après, nous avons eu la réforme monétaire et 3 mois plus tard j'ai commencé mes études de pharmacienne à Fribourg.

Comment j'ai attrapé le virus de la philatélie

J'avais 8 ans quand j'ai commencé à m'intéresser aux timbres-poste. A cette époque une de mes tantes avait quitté le domicile de mes grands-parents pour travailler à Paris, comme de nombreuses jeunes provinciales. Toutes ces filles ont été engagées comme «Bonne à tout faire», dans des familles aisées parisiennes où les Alsaciennes étaient particulièrement appréciées.

C'est donc ma tante Alice qui m'a introduit dans le vaste monde du timbre-poste. En effet, ayant été élevé par mes grands-parents, il m'incombait de m'occuper de la correspondance familiale et c'est ainsi que l'aventure philatélique a commencé.

Toutes les semaines j'écrivais à tante Alice et elle me répondait en m'envoyant des timbres qu'elle avait achetés lors de son jour de congé, soit aux Galeries Lafayette, soit au Grand magasin de la Samaritaine. C'était chaque semaine une joie de recevoir une lettre de Paris avec son contenu, mais ma tante avait une sale manie de me retourner mes lettres après avoir corrigé mes fautes au crayon rouge. Cela m'énervait tellement, que j'avais juré de ne plus lui écrire, mais le virus de la philatélie contre lequel aucun médecin n'a encore trouvé l'antidote, s'était déjà emparé de moi et je restais son correspondant fidèle durant tout son séjour à Paris.

Malheureusement la maladie de mes grands-parents, obligea ma tante Alice à revenir à Mulhouse et mes envois philatéliques ont cessé par la force des choses.

Mais cela ne m'a pas découragé, ayant eu un bon début, je continuais à collectionner et à mendier à droite, à gauche, au sein de ma famille, chez les amis et auprès des relations de mes grands-parents, les cartes postales affranchies de timbres étrangers.

La philatélie étant un loisir instructif, j'ai appris à connaître la géographie et grâce à la curiosité qui m'animait, j'ai cherché à connaître tous les noms de ce grand empire colonial d'Afrique, appartenant à la France. La façon de vivre de ces peuples africains, leurs us et coutumes, m'ont toujours fasciné.

Pour moi la philatélie est un enrichissement culturel, c'est la porte ouverte sur le savoir, c'est la mémoire d'un inoubliable passé, qui m'a rappelé ce proverbe africain :

«Si tu ne sais pas où tu vas, retourne toi et regarde d'où tu viens».

Albert FILLINGER

Und so hat mich der Virus der Philatelie erwischt !

Ich war 8 Jahre alt, als ich begann mich für Briefmarken zu interessieren. Damals hat eine meiner Tanten das Haus meiner Grosseltern verlassen, um wie viele andere Mädchen aus der Provinz, als Magd in einer vornehmen Pariser Familie zu dienen.

Es war also meine Tante Alice, die mich in die grosse Welt der Briefmarken eingeführt hat. In der Tat, da ich von meinen Grosseltern aufgezogen wurde, hatte ich die Familienkorrespondenz zu führen, und so fing das philatelistische Abenteuer an.

Jede Woche schrieb ich meiner Tante Alice, und in ihrer Antwort sendete sie mir jedesmal Briefmarken, die sie an ihrem freien Tag in den «Galeries Lafayette» oder in der «Samaritaine» gekauft hatte. Es war jede Woche eine Freude, einen Brief aus Paris, mit solchem Inhalt zu erhalten ; leider hatte meine Tante die verflixte Gewohnheit, mir meine Briefe zurück zu schicken, nachdem sie meine Fehler mit rotem Stift korrigiert hatte. Das regte mich derart auf, dass ich schwor, ihr nicht mehr zu schreiben. Aber der Virus der Philatelie, gegen den kein Arzt ein Gegenmittel erfunden hat, hat gesiegt und ich blieb, während ihres ganzen Aufenthaltes in Paris, ihr treuer Briefpartner.

Leider hat die Krankheit meiner Grosseltern meine Tante Alice gezwungen nach Mulhouse zurückzukehren, und so nahm meine Korrespondenz mit philatelistischer Beilage, ein Ende.

Das hat mich aber nicht entmutigt, da ich einen guten Anfang hatte, so sammelte ich weiter, indem ich im Rahmen meiner Familie, bei Freunden und Bekannten, Postkarten mit ausländischen Briefmarken erbettelte.

Die Philatelie ist ein lehrreiches Hobby ; ich habe die Geographie kennen gelernt, und dank meiner Neugier habe ich versucht, die Namen dieses grossen französischen Kolonialreiches zu lernen. Die Lebensart dieser Menschen, ihre Bräuche, haben mich immer fasziniert.

Für mich ist die Philatelie eine kulturelle Bereicherung. Sie ist eine offene Tür zur Kenntnis. Sie ist die Erinnerung an eine unvergessliche Vergangenheit, und ich erinnere mich an das afrikanische Sprichwort :

«Wenn du nicht weisst wohin du gehst, drehe dich um und schaue woher du kommst !

Il y a 70 ans, quelle évolution !

Avant la guerre je fréquentais une école privée. Tout était différent à l'école publique, beaucoup plus sévère dans l'ensemble. Il y régnait une discipline absolue.

Les grandes vacances débutaient le 13 juillet au soir et duraient jusqu'à début octobre. Nous devions porter un couvre-chef, généralement un béret, couleur au choix, une robe dont les manches allaient jusqu'au coude et la longueur jusqu'aux genoux. Les socquettes étaient interdites sous peine de réprimande. Nous portions des chaussettes blanches allant jusqu'aux genoux.

En classe nous avions toutes les mêmes tabliers, pour éviter les différences vestimentaires. Nous avions également une tenue de gymnastique. C'était une robe bleu marine, genre chasuble gansée, fendue des deux côtés pour plus d'aisance dans les mouvements.

A la récréation de 10 heures, nous nous promenions en rangs de 3 ou 4 autour de la cour arborée. Il n'était pas question de courir ou de jouer. Cette discipline était, à de rares exceptions près, très bien acceptée, ne connaissant pas d'autre système. J'ai vécu ma première récréation scolaire libre à partir de 1940.

Je passais tous les ans mes vacances chez des cousins en Haute Saône. C'est là que j'ai porté mon premier short prêté par une cousine, qui fréquentait le lycée public et ignorait cette sévérité. J'étais un peu une curiosité alsacienne pour ses amies, car tous se tutoyaient alors que je disais «vous» à tout le monde, car dès la 11e on ne nous tutoyait plus en classe.

Voici une deuxième anecdote, suite à ce qui précède :

Tout a pris une autre tournure à partir de la guerre. Changement de mentalité, changement d'éducation en l'occurrence. Nous avions beaucoup plus d'heures de sport et de grandes fêtes sportives scolaires avec des mouvements d'ensemble. Nous devions nous présenter à l'heure dite au lieu de rencontre, en tenue de sport, short noir et finette blanche (tee-shirt), ceci au départ de la maison, n'ayant aucune possibilité de nous changer, il n'y avait pas de vestiaire.

Le première fois, étant encore influencée par les règles antérieures, je suis allée au pas de course au lieu de rassemblement, car j'étais gênée de traverser les rues dans cette tenue décontractée pour l'époque. Et si quelqu'un me voyait, me reconnaissait ? J'ai même eu du mal à convaincre ma mère !

Hé oui ! les temps ont bien changé ! Cela s'est passé il y a 70 ans.

Gabrielle NOLLINGER

Institut «Jeanne d'Arc» Mulhouse, 1937.

Undenkbar Heute !

Es war vor etwa 70 Jahren. Ich ging in eine Privatschule. Da war alles anders als heute, viel strenger und es herrschte eine eiserne Disziplin.

Die grosse Ferien begangen am 13. Juli abends und dauerten bis anfangs Oktobers.

Wir trugen eine Kopfbedeckung, eine Baskenmütze oder im Sommer, ein Strohhütchen. Unser Kleidchen ging leicht unter die Knie und die Ärmel bis an die Ellbogen. Socken waren untersagt. Wir trugen weisse Kniestrümpfe.

In der Klasse trugen alle Mädchen eine gleichfarbige Schürze, um die Kleidungsverschiedenheiten zu vermeiden

Wir hatten ebenfalls einen Sportanzug, der aus einem blauen Kleidchen bestand, an beiden Seiten geschlitzt um die Bewegungen zu erleichtern.

Während der 10 Uhr Pause spazierten wir in Reihen von 3 bis 4 Mädels unter den Kastanienbäumem rund um den Schulhof. Umherspringen oder Schreien war untersagt.

Diese strenge Schulordnung wurde aber allgemein gut angenommen. Wir kannten ja nichts anderes, und waren auch nicht unglücklich dabei.

Meine erste freie Morgenpause habe ich ab 1940 erlebt. Ich verbrachte meine Sommerferien in meiner Familie, bei Kusins, die in der Haute Saône wohnten. Dort habe ich meine ersten geliehenen Shorts getragen. Meine Kusine besuchte ein Gymnasium und war auch viel freier erzogen worden. Sie und ihre Freundinnen waren entsetzt über meine strenge Erziehung.

Und nun eine weitere Anekdote zu dem Vohergeherden. Von Kriegsbeginn an, hat sich alles gewendet, Veränderungen in der Mentalität, in der Erziehung.

Es wurde in dieser Zeit viel Sport getrieben und grosse Sportsfeste veranstaltet. Es wurde von uns verlangt, im Sportanzug anzutreten.

Wir hatten keinen Umkleideraum und das war mir peinlich. So ging ich im Eilschritt von zu Haude bis zum Sportplatz in der Hoffnung, niemand würde mich erkennen. Ich musste sogar meine Mutter überzeugen so bekleidet zum Sportunterricht zu gehen.

Inzwischen haben sich die Zeiten verändert. Das ereignete sich vor kaum 70 Jahren.

90 Pfund muss man haben...

Ich bin 1926 in Emmendingen geboren. Ich hatte immer Freude am Basteln, und an Laubsägearbeiten. 1932 war in Emmendingen eine Modellbaugruppe, die Segelflugmodelle bastelte. Dieser Gruppe schloss ich mich an. 1933, als dann das Dritte Reich kam wurden wir in die Hitlerjugend Abteilung Flieger eingegliedert. Jetzt hatten wir noch am Sonntag Morgen Ausmarsch. Mein Vater, Sohn eines Missionars aus Afrika, erlaubte aber nicht, daß ich mitmachte. Er sagte zum Kreisleiter von Emmendingen « Am Sonntag gehen meine Kinder zum Gottesdienst und nicht zum Ausmarsch der HJ.»

Mit 14 Jahren, war ich einer der Ältesten in der Modellbaugruppe. Unser Modellbauleiter musste zum Militär einrücken und so wurde ich, nach Absolwierung eines Baulehrganges in Ettlingen, zum Modellbauleiter ernannt. Dieser Lehrgang fand in Freiburg statt, Als ich dort ankam wussten die nicht, daß ich erst 14 Jahre alt war, und weil ich sehr klein war, nannte man mich gleich der «Benjamin». Der Bauleiter schaute mich an und sagte : da du jetzt mal hier bist, versuche die dir gestellten handwerklichen Aufgaben zu erfüllen. Ich bestand die Prüfung mit Erfolg. Somit war ich der jüngste Bauleiter innerhalb Deutschlands. Natürlich war dies schon eine vormilitärische Aufgabe für jeden Hitlerjungen der einmal fliegen wollte.

Alles ging wie geschmiert für mich ; die obligatorischen 90 Baustunden hatte ich schon längst hinter mir, und ich freute mich auf meinen ersten Flug, aber leider war ich zu leicht. 90 Pfund war das Mindestgewicht, und ich wog nur 87 Pfund. Was kann man da machen ? Das hat mich so genervt, bis ich eines Tages auf die Idee kam, drei Pfund Birnen zu kaufen. Diese ass ich auf einmal und lies mich gleich darauf beim Gesundheitsamt wiegen ; so hatte ich genau 90 Pfund. Nun, war es so weit, ich durfte endlich meinen ersten Flughopser machen. Geflogen wurde aber nur am Sonntag. Da hatte ich wieder Pech : als Konditor musste ich am Sonntag arbeiten. So blieben mir nur die 12 Urlaubstage um zu fliegen und die Segelflugsprüfungen abzulegen. Meine Begeisterung für die Fliegerei war ungebrochen.

Mit 17 Jahren meldete ich mich freiwillig zur Luftwaffe, deshalb konnte ich meine Gesellenprüfung früher ablegen.

Am ersten Tag wurde ich Kellner und zur Führerordonnanz bei meinem Oberfeldmeister ernannt. Meine Aufgabe war, morgens das Zimmer zu heizen, den Tisch zu decken und das Frühstück zu holen. Die Innendienstler hatten so einige Vorteile unter anderem : um die Weihnachtszeit durfte ich zu Hause bei der Frau des Oberfeldmeisters Weihnachtsbrötchen backen. Der Beruf als Konditor hat sich so doch als vorteilhaft erwiesen.

Anfangs 1944, wurde ich zur Luftwaffe nach Grailsheim (Württemberg) einberufen.

Unsere Einkleidung fand dort statt. Nach ca. 10 Tagen wurden wir auf dem Bahnhof in Güterzugwagons verladen und ab ging es Richtung Lamalou-les-Bains. Dort wurden wir als Auszubildende in Hotels in der Stadt untergebracht. Jeder von uns jungen Soldaten mußte einmal Küchendienst machen. Der Küchenfeldwebel erkannte gleich mein Küchentalent. Ich hatte deshalb das Glück keinen Ausmarsch zu machen. Auch hier hat sich mein Beruf wieder bewährt. Nach ca. einem Monat sickerte durch daß von

den 1 200 Mann keiner mehr zum fliegenden Personnal ausgebildet würde. Nur Leuten die im Privatleben Mechaniker oder Elektriker waren, wurde in Aussicht gestellt, daß sie auf einem Flugplatz eine Anstellung fanden. Nun war für mich der Traum, Jagdflieger zu werden, ausgeträumt.

Heute denke ich, es war gut so, denn vielleicht hätte ich mein Leben gelassen.

Fritz HIRSMULLER

Il fallait peser 90 livres

Je suis né en 1926 à Emmendingen. J'ai toujours aimé bricoler. En 1932 il existait à Emmendingen, un groupe de construction de modèles réduits de planeurs. J'ai rejoint ce groupe en 1933. Lors de l'avènement du IIIe Reich, nous avons été enrôlés dans la Jeunesse hitlérienne, section Aviation. Le dimanche matin, nous devions défiler. Mon père, fils de missionnaire d'Afrique, ne me permit pas d'y participer. Il interpella le responsable, chef du District : «le dimanche mes enfants vont à la messe et non au défilé de la Jeunesse hitlérienne».

A 14 ans, j'étais le plus ancien membre du groupe. Notre instructeur ayant été appelé sous les drapeaux, on m'a nommé, après avoir effectué un stage, responsable du groupe. Ce stage se passait à Fribourg, on ignorait que je n'avais que 14 ans. Comme j'étais très petit, on m'appelait «Benjamin». Le moniteur me regarda et me dit : «Puisque tu es là, essaie de remplir au mieux les tâches qui te sont confiées.» J'ai passé mon examen avec succès et c'est ainsi, que je suis devenu le plus jeune instructeur d'Allemagne. Naturellement, c'était déjà une préparation prémilitaire, pour chaque membre de la jeunesse hitlérienne qui désirait faire un jour du vol à voile.

Tout se passait comme sur des roulettes pour moi. J'avais accompli mes 90 heures d'instruction obligatoires et je me réjouissais pour mon premier vol. Hélas, j'étais trop léger, le poids minimum exigé était de 90 livres et je ne pesais que 87.

Que faire ? Cela m'a tellement déçu jusqu'au jour où l'idée m'est venue d'acheter 3 livres de poires. Je les ai mangées en une seule fois et me suis aussitôt fait peser à l'infirmerie du service de santé où la balance indiquait exactement 90 livres. A présent, je pouvais enfin effectuer mon premier vol ! Mais les vols ne se faisaient que les dimanches. Je n'avais une fois de plus pas de chance ! En tant que pâtissier, je devais travailler le dimanche, il ne me restait que mes 12 jours de congé pour voler et passer mon examen de vol à voile. Mon enthousiasme pour l'aviation était intact. A 17 ans, je me suis engagé dans l'aviation, c'est la raison pour laquelle j'étais autorisé à avancer mon examen d'apprentissage. Dès le premier jour je devais travailler comme serveur chez mes supérieurs. Le matin, je devais chauffer la chambre, mettre la table et servir le petit-déjeuner. Ce service intérieur avait tout de même ses avantages, notamment vers la période de Noël, j'étais autorisé à faire des petits gâteaux chez l'épouse de l'adjudant-chef. Le métier de pâtissier avait tout de même du bon !

Début 1944, je fus incorporé dans l'aviation à Grailsheim (Wurtemberg).

Les uniformes nous ont été remis sur place. Au bout de 10 jours, nous étions embarqués dans des trains de marchandises en direction de Lamalou-les-Bains. Nous étions logés dans les hôtels de la ville, en qualité d'apprentis. Chacun de nous, jeunes soldats, devait effectuer un service en cuisine. Naturellement mes talents de cuisinier ont aussitôt retenu l'attention du chef de cuisine. J'avais ainsi la chance de ne plus participer à aucun exercice extérieur. Après environ un mois, le bruit courait que, sur les 1 200 hommes, aucun n'aurait plus de formation de personnel navigant. Seuls, ceux qui dans le civil étaient mécaniciens ou électriciens avaient la perspective d'être employés dans un aéroport. C'est ainsi que mon rêve de devenir un jour aviateur s'est évanoui.

Aujourd'hui, je pense que c'était très bien ainsi, j'aurais peut-être pu y laisser ma vie.

Ma première cigarette

Dans le quartier du Nordfeld il y avait autrefois un terrain vague. C'était un ancien potager avec quelques arbres fruitiers. Le propriétaire le laissait à l'abandon.

Nous étions à l'époque une bande de six copains et habitions tous à proximité de ce terrain. Un jour, une idée lumineuse traversa nos esprits. Prétextant vouloir jouer au basket, nous avons fixé sur le seul pommier du jardin, un panier à basket. Mais notre intention n'était pas de venir nous entraîner pour les prochains championnats de France, loin de là ! A côté du pommier, nous avons construit un abri avec quelques barres de fer et des grands cartons pour les côtés et le toit. C'était un exploit pour pouvoir y rentrer tous les six. Mais nous étions jeunes et souples. A quoi allait nous servir ce filet et cet abri de fortune ? Vous l'avez certainement deviné : pour y fumer en cachette et faire l'expérience de notre première cigarette ! Quelle satisfaction de pouvoir enfin goûter à ce fruit défendu ! C'était la période des grandes vacances scolaires et nous pouvions profiter pleinement de notre refuge.

Nous étions tous en 6ème au lycée de garçons, rue Huguenin. Et, comme tout a une fin, la rentrée nous rappelait sur les bancs du lycée. Nous n'avions plus le temps de rejoindre notre abri. L'année suivante, il avait disparu, une maison sortait de terre et, avec l'âge, nous étions attirés par d'autres distractions, c'était l'âge des flirts, des premiers émois, des premiers rendez-vous...

Adieu abri et cigarette. Il y a un âge pour tout, celui de la première cigarette et celui des premiers amours !

Jean Daniel HEINTZ

Meine erste Zigarette

Im Nordfeldviertel war ein verlassener Garten mit einigen Obstbäumen. Wir waren sechs Schulkameraden und wohnten alle in der Nähe dieses Gartens. Eines Tages kam uns eine glänzende Idee : wir hängten einen Basketballkorb an den einzigen Apfelbaum des Gartens, aber nicht um zu tränieren für die nächsten Meisterschaften, unsere Absicht war nicht so lobenswert. Neben diesem Apfelbaum bauten wir uns ein Häuschen mit zehn Eisenstangen und mit Pappschachteln für die Seiten und das Dach. Wir mussten uns klein machen um hinein zu kriechen, aber wir waren jung und gelenkig. Wir sassen am Boden und hatten kaum Platz, um uns zu rühren. Aber wozu sollte uns dieser Basketballkorb und diese Hütte dienen ? Sie haben es bestimmt erraten : um unsere erste, verbotene Zigarette im Versteck zu rauchen. Es war die Zeit der grossen Ferien, so konnten wir jeden Tag diese Freude geniessen.

Wir waren alle Sechs in der 1. Klasse der Oberschule in der Hugeninstrasse. Aber da alles einmal ein Ende hat, gingen auch die grossen Ferien vorbei, und der Schulbeginn rief uns wieder auf die Schulbank zurück. Wir hatten keine Zeit mehr um in unsere Hütte zu gehen, und im Jahr darauf stand an deren Stelle ein neues Haus. Ausserdem waren wir älter geworden, und wir hatten andere Interessen. Es war die Zeit des Flirtens und des ersten geheimen Stelldicheins.

Vergessen waren unsere Hütte und die erste Zigarette. Es kommt alles zu seiner Zeit : es war die Zeit der ersten Zigarette, nun kam die Zeit der ersten Liebe !

Une histoire de cierge ou la communion solennelle de ma sœur

A l'époque de ce récit, on enseignait encore le catéchisme à l'école et nous étions obligés d'y assister, puisque cette heure d'instruction religieuse figurait sur notre emploi du temps. Lorsque la date de la Première Communion approchait, gare à celui qui était absent.

Dans la semaine avant le renouvellement des vœux de baptême, la préparation était plus intense et se déroulait dans une salle du foyer. Le vendredi après midi, les communiants étaient invités à se confesser et les cierges leur furent distribués.

Ma sœur faisait partie des futurs communiantes, et est rentrée de l'église avec un cierge tout grand, tout beau.

C'est en revenant de l'école ce jour là et en voyant ce beau cierge, que l'idée saugrenue m'est venue de m'en servir comme épée et de me transformer en héros de feuilleton, car j'aimais les histoires de cape et d'épée. Malheureusement, lors d'un combat avec un copain, le cierge s'est brisé !

Ma sœur en contemplant ce désastre, fondit en larmes, mais fut bien vite consolée par notre grand-mère qui lui promit de le réparer. Quelques rubans roses et blancs furent artistiquement enroulés autour du cierge et voilà qu'il fut le plus beau lors de la cérémonie !

Heureuse et fière, ma sœur me pardonna d'avoir voulu jouer au mousquetaire avec son cierge de communiante.

Joseph ENTZ

Die Erste Heilige Kommunion meiner Schwester

Zur Zeit dieser Geschichte, stand noch Religionsunterricht auf dem Arbeitsplan der Schüler. Im Laufe der Woche vor der ersten Kommunion, war der Unterricht bedeutend verschärft, und wehe dem der fehlte.

Am Freitagnachmittag waren die zukünftigen Kommunikanten zur Beichte eingeladen. An diesem Tag wurden auch die Kerzen verteilt.

Meine Schwester befand sich auch unter den Kommunikanten und kam mit einer wunderschönen Kerze nach Hause. Als ich von der Schule zurück kam und diese schöne Kerze sah, kam mir die Idee, sie als Waffe zu benutzen und mich in einen Musketier zu verwandeln.

Leider, während eines Duells mit einem Freund, brach sie entzwei. Meine Schwester brach in Tränen aus, als sie dieses Desaster sah. Unsere Grossmutter tröstete sie und versprach ihr die Kerze wieder zu reparieren. Einige rosa und weisse Bänder wurden kunstvoll um die Kerze gewickelt und schon war sie die schönste an diesem Feiertag.

Meine Schwester war glücklich und stolz und vergab mir meinen verrückten Einfall.

Pendant la Guerre
Während des Krieges

Ah ! qu'il est bon le lait

Ma mère est née en 1905 à Hatten dans le Bas Rhin. Elle alla d'abord à l'école du village, mais ses parents l'envoyèrent poursuivre ses études en France (l'Alsace était allemande à ce moment là), à Nancy dans une pension de famille qui assurait la suite de la formation scolaire, mais en français. Je suis certain que parmi les cours professés, il y avait la formation de futures mères de famille, avec des cours sur l'éducation, la formation et l'alimentation des futurs enfants.

Nous sommes maintenant en 1943. C'est la guerre et la France est occupée. Nous sommes, ma famille et moi-même, à Annecy en Haute Savoie. Tout est rationné et moi, catégorie J2, j'avais droit sur ticket, à un demi litre de lait par jour.

Ma chère mère, forte de sa formation, trouva cela insuffisant, néanmoins voyez le résultat 75 ans après ! Mon père, pour le ravitaillement de sa famille, avait fait connaissance d'un couple de paysans chez qui il s'approvisionnait en légumes et sans doute en beurre. Il ne s'est, heureusement, jamais fait prendre, malgré les contrôles par la police.

Ma chère mère eut alors l'idée (diabolique) de m'envoyer le soir chez ces paysans pour boire le bol de lait nécessaire à ma croissance ! J'allais donc vers 6 heures du soir à la ferme et je vous décris ci-dessous ce que j'ai vécu :

Cela se passait dans l'étable. Huit vaches étaient attachées l'une à côté de l'autre, devant la mangeoire. La fermière trayait l'une d'entre elle, la tête enfoncée dans son flanc et après avoir eu soin de lui attacher la queue, je vous assure, un coup de queue de vache, ça fait mal !

Après avoir payé 1 franc - c'était à cette époque une pièce en aluminium avec la francisque - la fermière remplissait directement depuis la vache, un bol de lait. Ce bol je m'en souviendrai toujours ! Dans le magasin de porcelaine ils sont toujours décorés en bleu ciel ou en vert tendre.

Alors que le mien était noir, gras et sale, rempli d'un liquide chaud, sorti directement du pis. Mais le pire c'était cette mousse blanc-jaunâtre sur le dessus du lait. Il fallait que je trempe mes lèvres dans cette mousse et que je boive ! Jamais je n'oublierai ce moment !

Heureusement cela ne dura que peu de temps. Les efforts conjugués de mon père, qui n'aimait pas le lait et de ma révolte, de mon dégoût pour ce traitement, finirent par avoir raison des principes éducatifs de maman.

Inutile de vous dire, que depuis je ne bois plus de lait !

Francis BLOCH

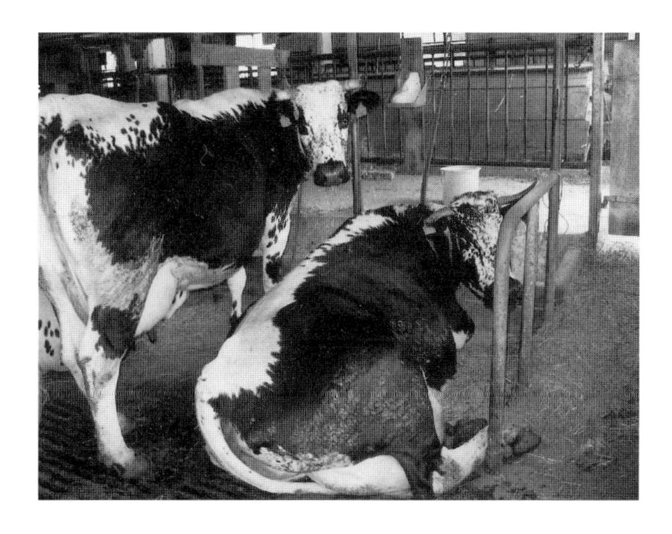

Ach, wie gut ist doch die Milch !

Meine Mutter ist in Hatten (Unterelsass) geboren. Sie ging zuerst in die Dorfschule, aber ihre Eltern schickten sie dann nach Frankreich, in eine Familienpension in Nancy (das Elsass war damals deutsch), um ihre Studien in Französisch fortzusetzen. Ich bin sicher, dass sie auch Unterricht in Kindererziehung und Ernährung der zukünftigen Kinder hatte.

Wir schreiben jetzt das Jahr 1943. Es ist Krieg und Frankreich ist besetzt. Wir flüchteten nach Annecy (Haute Savoie). Alles war rationiert. Ich, als Kategorie «J2», hatte Anspruch auf einen halben Liter Milch pro Tag, die ich in einem Milchgeschäft mit meiner Milchkanne holte.

Meine liebe Mutter, die ihren Erziehungsunterricht nicht vergessen hatte, fand das ungenügend (sehen sie das Ergebnis 75 Jahre danach !)

Mein Vater, um seine Familie zu ernähren, lernte eine Bauernfamilie kennen, wo er Gemüse und wahrscheinlich auch Butter kaufte. Zum Glück wurde er nie von der Polizei ertappt.

Meine liebe Mutter hatte dann eine listige Idee als sie mich jeden Abend zu diesem Bauern schickte, um, was ihr für mein Wachstum notwendig schien, eine Tasse Milch zu trinken. Ich schildere hier die Szene : es spielte sich in dem Kuhstall ab. Acht Kühe standen nebeneinander vor dem Futtertrog. Den Kopf gegen die Weiche einer der Kühe gedrückt, melkte die Bäuerin die Kuh, der sie vorsichtshalber den Schwanz an deren Schenkel gebunden hatte, ein Schlag mit dem Schwanz, das tut weh ! Nachdem ich einen Franken bezahlt hatte, füllte die Bäuerin, direkt von der Kuh, eine Tasse Milch.

Ich werde mich immer an diese Tasse erinnern. Im Porzellangeschäft sind die Tassen hell blau oder zart grün. Die meinige war schwarz, fettig und schmutzig, voll gefüllt mit einer warmen Flüssigkeit, das war die Wärme der Kuh die eben gemolken wurde. Aber das Schlimmste war der weissgelbe Schaum, der sich auf der Milch bildete. Ich musste die Milch mitsamt dem Schaum trinken. Ich werde diesen Moment nie vergessen. Zum Glück dauerte diese Situation nur eine gewisse Zeit. Die Mühen meines Vaters, der Milch nicht mag, mein Widerstand, sowie mein Ekel dieser Behandlung gegenüber, siegten bald über die Erziehungsprinzipien meiner Mutter.

Es ist überflüssig Ihnen zu sagen, dass ich seit dieser Zeit keine Milch mehr trinke !

C'était dans les années 1940-45

Je suis une enfant du Jura, née avant la guerre, qui a eu la chance de ne pas en souffrir grâce à l'insouciance de la jeunesse.

Malgré cette période trouble, nous avions quelques distractions. Notre ville avait le privilège d'être équipée d'une piscine (grande institution, rare en 1940). Nous en profitions souvent et je me souviens parfaitement du surveillant Maurice. Il n'était, bien sûr, pas maître nageur. Ses outils de sauvetage se limitaient à une grande perche qu'il nous tendait en cas de problème. Savait-il même nager ? Je me pose cette question aujourd'hui et ce dont je suis certaine, c'est qu'il valait mieux se lancer dans l'eau en sachant nous-même nager, plutôt que de compter sur les capacités de sauvetage de notre sympathique Maurice.

Nous avions également le «petit bal du samedi soir», où nos parents nous autorisaient à aller, puisqu'il se déroulait à 500 mètres de la maison et que c'était le bal de la Société locale. Pas de vigile à l'entrée comme aujourd'hui, c'était le grand frère et ses copains, qui montaient la garde. Nous les filles, nous avions la permission de minuit. Si nous dépassions cette heure fatidique, ma mère venait nous chercher et les sorties étaient supprimées pour quelque temps.

Ma première cigarette date de cette époque-là : c'était une denrée rare et de toute façon nous n'avions pas d'argent pour en acheter. Mais, et c'est bien connu, le Français est débrouillard. Le système «D» il connait. C'est ainsi qu'un copain avait trouvé une astuce : il faisait sécher de la barbe de maïs. S'il avait un peu d'argent, il achetait du papier à cigarette «JOB», sinon il roulait cette barbe séchée et réduite en poudre grossière, dans du papier journal. De cigarette, cela n'avait que le nom. Je peux vous dire pour y avoir goûté, que c'était écœurant ! Si mes parents avaient été au courant, quelle raclée j'aurais eue ! Un garçon qui fumait c'était déjà mal vu, mais une fille... quel scandale ! Evidemment nous fumions en

35

cachette dans le grenier au risque de mettre le feu à la maison. Cette expérience a eu cependant des conséquences bénéfiques : la mixture que nous fumions m'avait tellement écœurée, que je n'ai plus jamais recommencé, même avec de vraies cigarettes.

Aujourd'hui, plus de 60 ans ont passé. La jeunesse d'aujourd'hui ne peut que sourire en lisant ces lignes et pourtant c'était la jeunesse de leurs grands-parents. C'était hier, en somme !

Suzanne Verdière

Es war in den Jahren 1940-45...

Ich bin vor dem Krieg im französischen Jura geboren. Ich hatte Glück, dank der Unbekümmertheit der Jugend, den Krieg ohne grossen Schaden zu überstehen.

Trotz dieser schwierigen Jahre, hatten wir etwas Unterhaltung. Unsere Stadt hatte den Vorteil über ein Schwimmbad zu verfügen, das war 1940 eine Seltenheit. Wir benutzten es öfters. Ich erinnere mich ganz besonders an den Aufseher Maurice. Er war natürlich nicht Schwimmeister. Sein einziges Rettungswerkzeug bestand aus einer langen Holzstange, die er uns im Notfall entgegen hielt. Konnte er überhaupt schwimmen ? Ich stelle mir heute die Frage, aber ich bin davon überzeugt, dass es besser war schwimmen zu können bevor wir in das Schwimmbad gingen, als uns auf die Fähigkeit uns retten, zu können, unseres sympathischen Maurice zu verlassen.

Wir hatten ebenfalls, trotz des Krieges, jeden Samstag einen Tanzabend. Unsere Eltern erlaubten uns hinzugehen, weil es nur 500 Meter von unserem Haus entfernt war und von einem örtlichen Verein organisiert war. Wächter am Eingang gab es nicht, wie es heute der Fall ist. Der grosse Bruder und seine Freunde sorgten für Ordnung. Wir Mädchen, hatten die Erlaubnis bis Mitternacht auszugehen. Aber wehe, wenn wir um diese Zeit nicht zu Hause waren ! Unsere Mama kam dann in das Tanzlokal um uns nach Hause zu holen, und wir hatten dann für einige Wochen Hausarrest.

Ich erinnere mich auch an meine erste Zigarette. Es war damals ein seltener Artikel und wir hatten sowieso kein Geld um welche zu kaufen. Aber ich hatte einen klugen Freund. Er trocknete Bärte der Maiskolben. Wenn er Geld hatte kaufte er Zigarettenpapier «JOB», oder wenn das Geld fehlte benutzte er Zeitungpapier, um mit diesem getrockneten, grobgehackten Gras, Zigaretten zu drehen. Von einer Zigarette hatte es nur den Namen. Ich habe es probiert, es war ekelhaft ! Wenn es meine Eltern gewusst hätten, hätte ich eine grosse Tracht Prügel bekommen. Ein Knabe der rauchte, war schon schlimm, aber ein Mädchen, welches rauchte, war eine Schande ! Natürlich haben wir im Geheimen, auf dem Speicher geraucht, mit der Gefahr, das ganze Haus in Brand zu stecken. Diese Erfahrung hatte trotzdem für mich gute Folgen : diese Mixtur war so abstossend, dass ich nie mehr die Lust hatte wieder zu rauchen, und sei es eine echte Zigarette.

Heute sind mehr als 60 Jahre vergangen. Die heutige Jugend kann nur lächeln, wenn sie diese Zeilen liest. Was war denn das für eine Zeit , Es war die Jugend ihrer Grosseltern, die trotz einiger, Entbehrungen zufrieden war !

Il était une fois, au début de la guerre...

Une petite fille vit le jour dans un village, qui, à l'époque se trouvait bien loin de Mulhouse, puisqu'il n'y avait plus de moyens de communication, plus de voiture, plus d'autobus pour rallier la ville. Les 10 km se faisaient à pied.

La guerre était là avec son cortège de difficultés, mais la petite fille a grandi sans s'en soucier, sans mauvais souvenirs. Malgré son jeune âge à cette époque, elle se souvient encore de deux dames de Mulhouse, qui venaient presque chaque semaine faire du «troc». En échange de pommes de terre et d'autres légumes que ses parents cultivaient, elles donnaient des petits gilets en tricot, qu'elles confectionnaient elles-mêmes, un rose pour la fillette et un bleu pour son petit frère. Ces articles étaient très appréciés des parents pour lesquels les temps étaient durs, mais nous les enfants, nous étions trop jeunes pour nous en rendre compte.

Et voici venu le temps de l'école primaire, divisée en deux classes uniques. Elles étaient mixtes, comme à l'église, un côté était réservé aux filles et l'autre aux garçons. Il n'était pas question de se mélanger. C'était ainsi dans tous les villages.

Le chauffage était assuré par un gros poêle en fonte, qui ronflait gaiement dans la journée, mais qui était éteint la nuit. Nous ne connaissions pas encore le chauffage central. A la maison, la situation était identique. Pas de chauffage dans les chambres, les lits étaient chauffés au moyen d'une brique chaude enveloppée dans un linge. Le matin les vitres des fenêtres ressemblaient à des vitraux de cathédrale, le gel y avait déposé de magnifiques fleurs en dentelle.

Et la guerre prit fin. Ce fut le temps du collège, puis du lycée. Nous prenions le bus à 7 heures du matin et ne rentrions qu'après 18 heures. Les journées étaient longues. C'était très dur en hiver, il faisait nuit lorsque nous partions et nuit au retour. L'hiver 1956 était particulièrement froid.

Le thermomètre affichait -26° au mois de février. le bus avait souvent 2 heures de retard, la neige étant tombée en abondance. Nous attendions stoïquement, à moitié gelés. Pour couronner le tout, la chaudière du chauffage était tombée en panne. Les salles de cours étaient glaciales et les élèves frigorifiés ont fait leur première grève.

Aujourd'hui, dès que la neige couvre d'un léger manteau blanc les toits des maisons et que le thermomètre affiche - 1 ou - 2 degrés, c'est déjà la Sibérie et tout le monde se plaint.

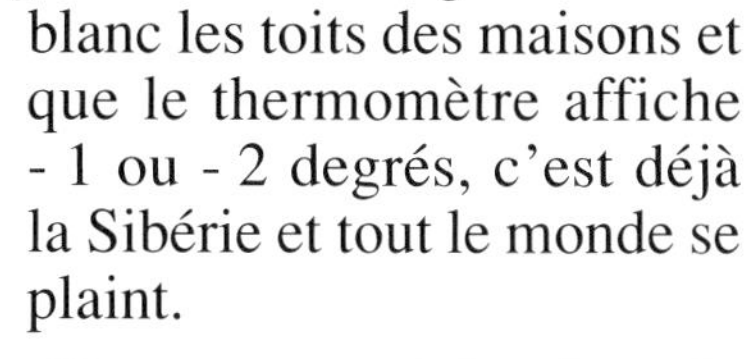

En repensant à la vie rude de notre jeunesse, j'apprécie doublement le confort moderne de notre époque, mais je ne peux m'empêcher de me dire avec un peu de nostalgie :

«Mais où sont les neiges d'antan ?»

Bernadette LEHMULLER

Es war einmal, anfang des Krieges

Ein kleines Mädchen erblickte das Licht der Welt, in einem kleinen Dorf, das zu seiner Zeit, weit von Mulhouse entfernt schien, weil es keine Autos, keine Autobusse gab, um in die Stadt zu fahren. Die 10 km bis nach Mulhouse, legten wir zu Fuss zurück.

Der Krieg war da und mit ihm seine Schwierigkeiten. Aber das kleine Mädchen wuchs auf ohne sich darum zu sorgen, ohne schlechte Erinnerungen. Obwohl es damals noch sehr jung war, erinnerte es sich an zwei Damen die jede Woche in das Dorf kamen, um selbstgestrickte kleine Jacken gegen Kartoffeln und anderes Gemüse zu tauschen. Die Jacken waren rosa für das Mädchen und blau für seinen kleinen

Bruder. Diese Artikel waren von den Eltern sehr geschätzt, denn die Zeiten waren hart, aber wir Kinder waren zu jung um es zu begreifen.

Dann kam die Zeit der Grundschule. Sie war in zwei Klassen eingeteilt, die gemischt waren. Eine Seite war für die Mädchen, die andere für die Knaben. Es kam nicht in Frage Mädchen und Knaben zu vermischen... Es war so in jedem Dorf.

Die Heizung bestand aus einem grossen Ofen aus Gusseisen, der tagsüber fröhlich brummte, der aber abends ausging. Wir kannten keine Zentralheizung, ebenso war es zu Hause. Wir hatten keine Heizung in den Schlafzimmern, die Betten wurden mit einem Backstein, der in ein Tuch eingewickelt war, geheizt. Im Winter sahen die Fenster aus wie Kirchenfenster. Der Frost malte wunderbare Spitzenblumen darauf.

Dann war der Krieg zu Ende. Es kam die Zeit des Gymnasiums. Um 7 Uhr nahmen wir den Autobus und kamen erst wieder um 18 Uhr nach Hause. Die Tage waren lang, und im Winter war es für uns sehr hart. Es war dunkel, wenn wir das Haus verliessen und wenn wir abends zurück kamen.

Der Winter 1956 war besonders kalt. Wir hatten bis zu -26 Grad im Februar. Der Bus hatte öfters bis zu zwei Stunden Verspätung, da sehr viel Schnee lag. Wir warteten tapfer und waren halb erfroren. Um alles noch zu verschlimmern setzte in der Schule die Heizung aus. Es herrschte in den Klassen eine eisige Kälte und die halb erfrorenen Schüler streikten zum ersten Mal, und weigerten sich in die Schule zu gehen.

Heutzutage, sobald das Thermometer -1 oder -2 Grad anzeigt, oder wenn der Schnee mit einer leichten weissen Decke die Dächer bedeckt, spricht man schon von sibirischer Kälte und jeder beklagt sich.

Wenn ich an die harten Zeiten unserer Jugend zurück denke, schätze ich den modernen Komfort unserer Epoche, aber mit etwas Sehnsucht sage ich trotzdem :

«Wo bleibt der Schnee von früher ?»

Pour l'amour du café ou un café «nommé désir»

Cela se passait pendant la dernière guerre. Le café était, comme beaucoup d'autres produits alimentaires, devenu une denrée rare, voire introuvable. Or, notre maman adorait le café et ne concevait pas commencer sa journée avec du «Ersatz». Malgré la pénurie de certains aliments, nous ne manquions pas de viande, notre papa étant chasseur. Nos parents avaient également la chance d'avoir des amis qui habitaient à 10 km et dont le fils avait séjourné dans plusieurs pays d'Afrique d'où il a rapporté des sacs de café vert. Maman eut donc l'idée de proposer à leurs amis, de «troquer» de temps en temps un lièvre ou un cuissot de sanglier contre du café, qu'elle faisait torréfier dans une grande poêle. Je crois sentir encore aujourd'hui cette odeur un peu âcre qui se dégageait de ces opérations.

Un jour, la panique s'empara de notre petite mère. Plus de café dans son buffet. Papa avait bien rapporté un lièvre de sa chasse, mais celui-ci était déjà en train de mariner pour le déjeuner du lendemain. Qu'à cela ne tienne ! Plutôt se passer de viande que de café ! Maman prit le lièvre dans son saladier et sa marinade et en route à la conquête de cette denrée tant convoitée. Elle est revenue heureuse, laissant à ses amis, la viande et le récipient !

J'ajoute, qu'à cette époque les voitures ne circulaient plus ou peu, faute de carburant. Nos déplacements se faisaient à pied ou à bicyclette. Mais ce jour là, les pneus du vélo, déjà bien rafistolés (encore un objet rare) avaient complètement lâché. Il était impossible que maman fasse 10 km à pied, un saladier sous le bras. Heureusement papa avait la possibilité de louer une calèche, tirée par un cheval et c'est avec ce moyen de locomotion d'un autre temps, que maman et son lièvre prirent la «route du café !»

Le lendemain matin une merveilleuse odeur de vrai café vint chatouiller nos narines. Notre papa aurait peut être préféré sentir l'odeur du civet, mais il ne disait rien, heureux de voir sa femme souriante et comblée. D'ailleurs, maman faisait des miracles pour les repas : avec peu de choses, elle arrivait à nous préparer un festin et le menu de remplacement devait certainement être très correct.

Qui peut imaginer aujourd'hui, en cette période de surconsommation et de gaspillage, qu'il fut un temps où nous manquions de tout, où chacun se débrouillait pour se ravitailler, où le troc, le marché noir et autres astuces étaient les «passe temps» favoris, souvent risqués, de nos parents ? Nous ne souhaitons pas revenir en ces temps-là, mais soyons vigilants et souvenons-nous, que bien souvent après une période de «vaches grasses», suit une période de «vaches maigres» et arrêtons le gaspillage, car la situation dans laquelle nous nous trouvions pendant et après la guerre, est monnaie courante dans de nombreux pays où des enfants meurent encore de faim. Pensons-y.

Alice SCHMITT

Aus Liebe zum Kaffee

Er war während des Krieges. Kaffee war, wie viele andere Lebensmittel, eine Rarität. Unsere Mama liebte Kaffee über alles, und konnte sich überhaupt nicht vorstellen, ihren Tag mit Ersatzkaffee zu beginnen. Obwohl es an allem fehlte, hatten wir keinen Mangel an Fleisch, da unser Papa Jäger war. Ausserdem hatten unsere Eltern das Glück Freunde zu haben, deren Sohn lange Jahre in Afrika lebte und bei jedem Urlaub eine Menge Kaffee mitgebracht hatte. Unsere Mama hatte plötzlich eine glänzende Idee. Sie schlug diesen Freunden vor, ab und zu einen Hasen oder eine Wildschweinkeule gegen Kaffee zu tauschen, den sie zu Hause in einer grossen Bratpfanne röstete. Heute noch, glaube ich diesen etwas herben Geruch zu riechen.

An einem Nachtmittag, geriet Mama in Panik. Es war keine einzige Kaffeebohne mehr in ihrem Küchenschrank. Papa hatte an diesem Tag einen Hasen von der Jagd mitgebracht, jedoch war dieser bereits in einer Schüssel mit Marinade für das Mittagessen des nächsten Tages. Dennoch, lieber kein Fleisch als keinen Kaffee. Sie nahm den Hasen mitsamt der Schüssel und machte sich auf den Weg zu dem so begehrten Kaffee. Sie kam glücklich nach Hause zurück, nachdem sie ihren Freunden Hase und Schüssel überlassen hatte.

In dieser Kriegszeit konnten die Autos nicht mehr fahren, es fehlte an Treibstoff. Wir gingen zu Fuss oder per Fahrrad, wenn wir ausgehen wollten. Aber an diesem Tag hatten die Reifen, die schon in sehr schlechtem Zustand waren, versagt. Unsere Mama konnte keine 10 km zu Fuss gehen mit dem Hasen unter ihrem Arm. Zum Glück hatte Papa Gelegenheit, eine Kutsche mit Pferd zu mieten und so nahmen Mama, Hase und Schüssel, mit diesem altmodischen Verkehrsmittel, die «Strasse des Kaffees».

Am anderen Morgen weckte uns ein herrlicher Kaffeeduft. Wahrscheinlich hätte Papa viel lieber den Hasenpfeffer gerochen, aber er sagte nichts, er war glücklich, seine Gattin lächelnd und zufrieden zu sehen. Sie zauberte ja immer, mit sehr Wenig, das beste Menu zusammen, so war das Ersatzmittagessen bestimmt sehr schmackhaft.

Wer kann sich heute, in unserer Konsumgesellschaft vorstellen, dass es eine Zeit gab wo wir Vieles entbehren mussten, wo sich jeder helfen musste, um Lebensmittel zu finden und wo Austausch und Schwarzmarkt der beliebteste Zeitvertreib unserer Eltern waren. Es geschah nicht immer ohne Gefahr. Wir möchten diese Zeit nicht mehr erleben. Deshalb seien wir wachsam und hören mit der Verschwendung auf. Denken wir daran, dass es heute noch Länder gibt, wo Kinder wegen Hunger sterben.

L'amitié à travers le sport

Je suis né en 1927. En 1940, la première fois que j'ai vu des soldats allemands, j'habitais Dijon et je traversais la rue en marchant sur les mains.

Un soldat allemand m'a interpellé et m'a fait comprendre qu'il faisait la même chose en Allemagne et il me donna plusieurs pièces de monnaie. J'en ai déduit qu'il était gymnaste comme moi. En effet, je faisais partie de la «jeunesse bourguignonne» qui, à l'époque était uniquement masculine, on ne connaissait pas encore la mixité.

Pendant toute l'occupation allemande, j'ai souvent exécuté ce numéro, particulièrement lorsque je voyais arriver un groupe de militaires allemands, lesquels, à cette époque, étaient les plus généreux. En effet, j'espérais récolter quelques sous, afin de pouvoir m'acheter des friandises et ils m'en ont toujours donné.

Comme quoi, entre sportifs, il existe toujours un esprit international de compréhension, voire même d'amitié.

Henri SEMARD

De gauche à droite, Henri, Jean (le voisin), Roger le frère

Vom Sport zur Freundschaft

Ich bin 1927 geboren. Als ich 1940, zum ersten Mal deutsche Soldaten sah, wohnte ich in Dijon und überquerte die Strasse auf den Händen.

Eine Gruppe deutscher Soldaten kam vorbei, einer von ihnen sprach mich an und sagte : «In Deutschland machte ich dasselbe». Er gab mir einige Münzen. Ich dachte, er sei auch ein Turner. Ich war damals Mitglied der «Jeunesse bourguignonne» Es waren nur Knaben dabei, Mädchen wurden noch nicht in diesem Verein aufgenommen.

Während der ganzen Besatzungszeit, ging ich weiter auf den Händen über die Strasse, und streckte meine Hand aus, wenn eine Gruppe deutscher Soldaten vorbei ging, in der Hoffnung, dass sie mir etwas Geld geben um mir Süssigkeiten zu kaufen. Ich wusste, dass die Deutschen freigebig waren. Und in der Tat, sie gaben mir jedesmal Geld.

Auf den Händen die Strasse zu überqueren war ein richtiger Sport.

Das heisst, dass unter Sportlern immer ein internationaler Geist der Verständigung herrscht und warum nicht ein Freundschaftgeist.

******

Histoire de jeunesse

C'était un jour de l'été 1941, alors que Mulhouse était occupée. Je passais ce jour là devant l'actuelle Ecole Jeanne d'Arc où était cantonnée l'armée allemande.

Tout en marchant, je jouais avec un revolver de gamin et je faisais probablement mine de tirer sur une quelconque cible. A ce moment-là, arrive un officier allemand logé dans l'école précitée qui me connaissait ainsi que ma famille. Nous appartenions à la même paroisse. Il m'apostropha gentiment : «Alors François, toi aussi tu joues avec des revolvers !»

Cet officier était originaire d'Ulm. Pour n'avoir pas adhéré au parti, il avait perdu sa place d'instituteur, ce qui ne l'a pas empêché d'être mobilisé en 1939. Après la guerre, réintégré dans l'enseignement, il a terminé sa carrière comme inspecteur primaire dans sa région d'origine.

J'ai souvent pensé à la réflexion de cet officier allemand et je n'ai plus jamais touché un objet qui de près ou de loin ressemblait à un engin de guerre.

Je garde encore aujourd'hui précieusement un tableau que cet ancien militaire, son épouse et ses trois enfants, ont offert à ma mère, en souvenir de ces années de guerre 1941 et 1942.

Si la famille W., leurs enfants Gabriele, Ursula et Hariolf sont encore en vie et si le hasard veut qu'ils lisent ce texte, ma famille et moi-même serions heureux de les recevoir.

F. BERNHARD

Eine Jugendgeschichte (Sommer 1941)

Es war an einem Sommertag 1941, im besetzten Mulhouse. Ich ging an der heutigen Jeanne d'Arc Schule vorbei wo die deutschen Truppen einquartiert waren.

Ich spielte mit einem Spielzeugrevolver und gab wahrscheinlich den Anschein als ob ich auf irgend einen Gegenstand schiessen wollte. In diesem Moment kam ein deutscher Offizier vorbei, der in der Jeanne d'Arc Schule wohnte, und der mich und meine Familie kannte, da wir derselben Pfarrgemeinde angehörten. Er sprach mich freundlich an : «Aber François, auch du spielst mit einem Revolver !»

Dieser Offizier wohnte in Ulm. Weil er der Partei nicht beigetreten war, verlor er seine Stelle als Lehrer ; das verhinderte jedoch nicht, dass er 1939 eingezogen wurde.

Nach dem Krieg wurde er im Schulwesen wieder eingesetzt und beendete seine Karriere als Schulrat.

Ich habe öfters an die Bemerkung dieses deuschen Offiziers gedacht und habe nie wieder einen Gegenstand berührt, der von nah oder fern mit einem Kriegsgerät Ähnlichkeit hatte.

Heute noch bewahre ich sorgfältig ein Gemälde das dieser ehemalige Offizier, seine Gattin und seine 3 Kinder, meiner Mutter geschenkt haben, zum Andenken an die Kriegsjahre 1941-1942.

Sollte die Familie W., ihre Kinder Gabriele, Ursula und Hariolf noch am Leben sein, und durch Zufall diesen Text lesen, wären meine Familie und ich selbst glücklich, sie zu empfangen.

Südbaden unter dem Hakenkreuz und Trikolore

Meine Eltern lebten seit ihrer Kindheit im badischen Müllheim, unweit der französischen Grenze. Schon vor dem 1. Weltkrieg wohnten viele Verwandte in Mulhouse, Belfort und anderen Orten im Elsass. Der 2. Weltkrieg brachte den Menschen diesseits und jenseits der Grenze viel Leid. So auch zum Kriegsende 1944/45. Vor meiner Geburt wurde meine Mutter mit vielen hundert anderen Frauen nach Stühlingen, in der Nähe der Schweizer Grenze, evakuiert. Die deutschen Behörden meinten, dass es in diesem Ort sicherer wäre als im Grenzgebiet. Am 8. Januar 1945 wurde ich im Kloster in Stühlingen geboren. Die Situation war hier aber auch lebensgefährlich. Wenige Tage nach meiner Geburt wurden alle Frauen mit ihren neugeborenen Kindern mit einem Zug wieder auf den Weg nach Hause geschickt. Diese Bahnstrecke war gefährlich, weil sie über Singen führte, eine Stadt, in der für das NS-Regime Waffen produziert wurden.

Nach wenigen Kilometern wurde dieser Zug bombardiert und alle Frauen mussten mit ihren Neugeborenen tagelang in den Eisenbahnwaggons ohne Licht und bei Eiseskälte ausharren. Viele Kinder überlebten diese Tage nicht; nach Erzählungen meiner Mama dauerte es einige Wochen, bis mein Überleben gesichert war. Die Fahrt aller Züge wurde eingestellt. So mussten sich die Frauen mit den Kindern, die überlebt hatten, auf den Weg machen und eine Unterkunft suchen. Das war natürlich auch sehr schwierig, weil sie nur kleine Dörfer erreichten. Dort mussten sie um eine Bleibe und um Essen betteln. Nach mehreren Wochen, die Franzosen hatten Baden besetzt, die Kapitulation der Naziherrschaft war erreicht, konnten die Frauen mit ihren Kindern nach Hause zurückkehren.

Meine Mama kam mit mir (4 Monate alt) im Mai 1945 in Müllheim an. In der Wohnung der Großeltern väterlicherseits hatten meine Eltern seit ihrer Heirat gelebt. Die Großeltern waren in den Kriegsjahren gestorben. Die

Wohnung war vom französischen Militär besetzt. Mama und ich brauchten eine Bleibe. Zum Glück sprach sie sehr gut französisch, durch Aufenthalte in ihrer Kindheit und Jugend in Frankreich, und sie schaffte es, mit den Offizieren eine Vereinbarung zu treffen. Wir konnten in der Wohnung bleiben, meine Mama musste als Köchin und Haushälterin die Offiziere versorgen.

Ein gefährlicher Punkt war, dass sie nicht erklären konnte, wo sich ihr Mann und mein Vater befand. Sie hatte eine geheime Nachricht von meinem Vater bekommen, dass er sich im Dezember 1944 von seiner eigenen Truppe entfernt hatte und seitdem nichts mehr von ihm gehört. Wegen dieser Sache und damit meine Mama vom Einkaufen wieder in die Wohnung zurückkehrte, musste sie mich immer bei den Soldaten zurücklassen, wenn sie zu Besorgungen weg geschickt wurde. Nach Erzählungen meiner Mama sah das so aus, dass die Soldaten mich in die Mitte legten wenn sie kommunizierten oder Karten spielten. Nach Erzählungen von Mama sah sie mein erstes Lachen inmitten dieser Soldaten, die offensichtlich sehr kinderlieb waren. Meinen Papa habe ich erst einige Monate später kennen gelernt, zu der Zeit, wo er nicht mehr in Gefahr war, vom deutschen Militär oder der französischen Besatzung erschossen zu werden.

Es ist auch ein bleibender Eindruck meiner frühesten Kindheit geblieben : unsere französischen Nachbarn waren und sind wertvolle Menschen und Freunde. Mit meiner Familie habe ich in den 70-er Jahren durch Städtepartnerschaften, z. B. mit Six Fours les Plages, ältere Menschen zu uns eingeladen. Sie hatten viel Freude, wochenlang bei uns Gast zu sein. Meine Kinder waren durch deutsch-französischen Schüleraustausch in französischen Familien zu Gast und liebten diese Familien.

Hannelore ROSSET

Bade du sud sous la croix gammée et le drapeau tricolore

Mes parents habitaient depuis leur enfance à Müllheim, non loin de la frontière. Déjà avant la première guerre mondiale, beaucoup de parentés habitaient Mulhouse, Belfort et d'autre lieux en Alsace. La deuxième guerre mondiale apportait son lot de misères aux riverains de chaque côté de la frontière. Egalement vers la fin de la guerre dans les années 1944/1945.

Juste avant ma naissance, ma mère, avec des centaines d'autres femmes, fût évacuée à Stühlingen, près de la frontière suisse.

Je suis née le 8 janvier 1945 dans le cloître de Stühlingen. Même là, la situation devenait dangereuse. Quelques jours après ma naissance, toutes les mamans avec leur bébé étaient embarquées dans un train pour un retour au domicile. Cette ligne de chemin de fer était très dangereuse, car elle passait par Singen, une ville qui produisait des armes pour le régime nazi.

Après quelques kilomètres, le train fût bombardé et bloqué. Toutes les mamans avec leur bébé étaient obligées de vivre dans les wagons sans lumière et sans chauffage avec une température en-dessous de zéro. Beaucoup de bébés n'ont pas survécu à cette épreuve. D'après les dires de ma mère, ma survie n'était pas assurée pendant quelques semaines. Les trains ne circulant plus, les femmes avec leur bébé survivant devaient se mettre en route pour chercher un refuge. Naturellement cela était très difficile, car elles ne trouvaient que de petites bourgades où elles devaient mendier de quoi manger et un abri. Après plusieurs semaines, les français ont occupé le Pays de Bade. La capitulation des dirigeants nazis était obtenue et enfin les femmes et leur bébé pouvaient rentrer chez elles.

Ma mère arrivait avec moi à Müllheim en mai 1945 (j'avais 4 mois).

Mes parents habitaient la maison des grands-parents paternels depuis leur mariage. Mes grands-parents étaient décédés pendant la guerre. La maison était occupée par les militaires français. Maman et moi avions besoin d'un toit ; heureusement, comme elle parlait le français grâce aux nombreux séjours en France qu'elle fit dans sa jeunesse, elle réussit à négocier de pouvoir rester dans la maison et en échange, elle assurait la cuisine et le ménage pour les officiers. Le seul point litigieux était que ma mère ne pouvait pas dire où était son mari.

Elle avait reçu en secret des nouvelles de mon père qui l'informait qu'en décembre 1944 il avait quitté son unité et depuis, plus de nouvelles.

A cause de cela et pour être sûr que ma mère revienne à la maison après les courses, elle devait me laisser auprès des soldats. D'après les dires de ma mère, ils étaient assis par terre en cercle, pour discuter ou jouer aux cartes et moi au milieu. Ils s'occupaient affectueusement de moi et elle se rappelle qu'elle m'a vu sourire pour la première fois au milieu d'eux.

J'n'ai fait la connaissance de mon père que quelques mois plus tard, quand il était sûr qu'il ne risquait plus de se faire fusiller par les Allemands ni par les troupes françaises d'occupation.

Il m'est resté une impression agréable de ma première jeunesse : que nos voisins français étaient des gens tout à fait charmants et amicaux.

Dans les années 1970, lors d'un jumelage avec Six Fours les Plages, nous avions invité chez nous des personnes âgées. Elles avaient beaucoup de plaisir à être nos hôtes pendant une semaine. Plus tard, mes enfants ont profité d'un échange scolaire franco-allemand et ont séjourné dans une famille française avec laquelle ils se lièrent d'amitié.

Fumera, fumera pas ?
Voilà la question !

C'était en 1943, nous avions tout juste 15 ans et commencions à avoir envie de fumer. Dans le cadre familial, ce n'était pas bien vu et encore moins dans la rue. Cela se passait à l'époque de l'occupation allemande en pleine restrictions que la guerre nous imposait.

Il était impossible à un jeune d'acheter des cigarettes dans un débit de tabac, sans une carte de rationnement. Mais, comme tout est meilleur du moment que c'est défendu, je trouve amusant de vous raconter aujourd'hui l'histoire de ma première cigarette, histoire qui semble invraisemblable de nos jours.

Fernand et moi étions de vrais copains. Nés la même année, nous avons fréquenté la même école, la même classe. Il était apprenti ferblantier et moi «gratte-papier».

A cette époque, nous collectionnions tous les deux des chèques images, qui se trouvaient dans les paquets de cigarettes, que nous pouvions ensuite échanger contre des séries de photos que nous collions nous-mêmes dans un très bel album relié.

Nous mendions ces chèques aux soldats, puisque c'était eux, les grands consommateurs de cigarettes. Or un jour, était-ce l'inattention ou la chance qui souriait à Fernand ? En demandant à un soldat «avez-vous des Bilderscheck ?», ce dernier lui tendit un paquet au fond duquel il restait deux cigarettes de la marque «Eckstein». Il me les remit dans l'attente de les fumer dans un moment de détente. Et c'est là que l'histoire se corse. Le lendemain me trouvant avant l'heure et seul au bureau, j'allumais ma cigarette et à peine avais-je tiré une ou deux bouffées, que le patron a fait irruption alors que le téléphone sonnait. Pendant qu'il répondait au téléphone j'ai fermé rapidement le tiroir de mon bureau, après y avoir fait disparaître ma cigarette et croyant qu'il ne sentirait pas la fumée. Mal m'en a pris.

Au moment où il avait posé le téléphone, il me demanda «Alberla tu fumes ?» «Non, Monsieur» «Alors, ouvre ton tiroir» Vous ne pouvez imaginer le nuage de fumée qui sortait du tiroir, puisque la cigarette s'était entièrement consumée entre temps.

J'entends encore aujourd'hui son conseil paternel «Tu ne dois pas encore fumer, tu es encore trop jeune, cela te fera du mal». J'aurais préféré à cette époque, qu'il me gifle. Alors j'aurais pu me plaindre à mon père, en espérant qu'il aille remonter les bretelles à mon patron pour avoir osé lever la main sur moi.

Mais l'histoire n'est pas terminée. Ce soir là, Fernand et moi sommes allés au cinéma «Olympia», voir le film «Wir machen Musik» avec Ilse Werner. Ce film était interdit au moins de 18 ans, mais le patron du cinéma n'était pas trop regardant. A la sortie du cinéma, Fernand me proposa de fumer nos 2 cigarettes, j'étais donc obligé de lui avouer que la mienne était depuis longtemps partie en fumée...

Sans commentaires, mon copain brisa sa cigarette en deux et nous voilà déambulant par une nuit particulièrement noire, Faubourg de Colmar. Subitement à l'angle de la rue de Rouffach et sans avoir eu le temps de réaliser ce qui nous arrivait, nous étions entourés par une bande de Jeunesse hitlérienne, pour un contrôle d'identité. Alors que Fernand avec ses mains de ferblantier écrasait son mégot avec ses doigts, moi, toujours grand seigneur, je jetais le mien sur le trottoir, ce qui produisit des étincelles et me valut d'être accompagné au plus proche commissariat de police, qui se trouvait rue du Runtz, où un procès-verbal fut dressé.

Je vous avoue que je n'étais pas fier du tout, sachant que je devais informer mes parents de cette mésaventure. Je commençais par ma mère, qui m'a immédiatement conseillé d'aller voir le commissaire et lui dire d'adresser une lettre d'amende à son nom. Naturellement le policier de service souriait en m'expliquant qu'il ne pouvait rien faire pour moi, étant donné que le chef de famille était mon papa.

Ce qui devait arriver arriva, trois semaines plus tard, mon père tenait la lettre recommandée entre ses mains. Je vois encore aujourd'hui le scénario : d'abord, il ouvrit la lettre avec étonnement, puis il essaya de comprendre, puis il fronça les sourcils, puis il cria. Mais il ne criait pas parce que j'ai fumé sur la voie publique, il criait surtout parce que je me suis fait pincer et surtout parce qu'il devait payer l'amende de 3,85 Marks.

Décidément la cigarette ne m'apportait que des désagréments, chaque fois que je fumais, je me faisais prendre. Ma décision était prise, stop à la cigarette ! J'ai donc arrêté de fumer jusqu'au jour de la libération où les soldats, démons tentateurs, nous ont offert des cartouches de cigarettes. Pouvais-je laisser passer une telle occasion ? Les cigarettes étaient rares et très chères à cette époque. En outre, elles étaient rationnées. Je ne pouvais pas refuser un tel cadeau et je me suis remis à fumer. Un jour cependant, je me suis posé la question : «Qu'est-ce qu'une cigarette ? Ce sont des volutes de fumée qui s'envolent dans l'atmosphère, suivies de nos rêves et un tapis de poussière noire qui encombre insidieusement nos poumons.

Ayant enfin réalisé cela, je me suis définitivement arrêté de fumer !»... mais seulement à 40 ans.

Albert FILLINGER

Rauchen oder nicht rauchen ?
das ist die Frage !

Es war 1943, wir waren kaum 15 Jahre alt und hatten schon Lust zu rauchen. Im Familienkreis sah man das nicht gerne, und rauchen auf der Strasse war besonders verboten. Es war während der deutschen Besatzung, die Zeit des Krieges und der Rationierungen in vielen Gebieten.

Der Jugend war es unmöglich in einem Tabakgeschäft Zigaretten zu kaufen ohne Karten. Aber da alles besser schmeckt wenn es verboten ist, finde ich es amüsant Ihnen heute die Geschichte meiner ersten Zigarette zu erzählen, was heutzutage unwahrscheinlich scheint.

Fernand und ich waren echte Kumpel. Im selben Jahr geboren, gingen wir in dieselbe Schule, in dieselbe Klasse. Fernand war Blechschmied und ich kaufmännischer Lehrling. Damals sammelten wir Bilderschecks die sich in den Zigarettenpaketen befanden. Wir konnten dann diese Schecks gegen Fotos umtauschen, die wir in schöne vorgedruckte Bücher einklebten.

Wir erbettelten diese Schecks bei den Soldaten, denn die waren ja die grossen Verbraucher von Zigaretten. Eines Tages, war es aus Versehen oder hatte Fernand einfach Glück, fragte er einen Soldaten ob er Bilderschecks hätte ; dieser reichte ihm ein Päckchen indem noch 2 Zigaretten der Marke «Eckstein» waren. Fernand gab sie mir in Erwartung einer Gelegenheit, sie zusammen zu rauchen. Hier hat sich die Geschichte zugespitzt.

Am nächsten Morgen, befand ich mich vor der Zeit und allein im Büro. Ich zündete eine der zwei Zigaretten an. Ich hatte kaum einen oder zwei Züge getan, als plötzlich mein Chef ins Büro schneite. Im selben Moment klingelte das Telefon. Während der Chef den Hörer abnahm und antwortete, schloß ich schnell die Schublade meines Schreibtisches in der ich meine Zigarette verschwinden liess, in dem Glauben, dass er den Rauch nicht riechen würde. Kaum hatte er sein Gespräch beendet, fragte er mich : «Alberla, rauchst Du ?» Ich sagte nein. «Öffne Deine Schublade». Sie können sich nicht vorstellen welcher Rauch aus dieser Schublade kam. Ich hatte vergessen die Zigarette auszulöschen. Sie war inzwischen ganz verglüht. Ich höre heute noch seinen väterlichen Rat. «Du sollst noch nicht rauchen, Du bist noch zu jung, und ausserdem wird es Dir schaden». Es wäre mir lieber gewesen er hätte mich geohrfeigt, so hätte ich mich bei meinem Vater beklagen können, in der Hoffnung er würde meinem Chef Vorwürfe machen, weil er es wagte mich zu ohrfeigen !

Aber die Geschichte ist noch nicht zu Ende. An diesem Abend gingen wir ins Kino um den Film «Wir machen Musik» mit Ilse Werner anzusehen. Dieser Film war den Jugendlichen unter 18 Jahren untersagt, aber der Inhaber drückte ein Auge zu und liess uns hinein. Nach der Vorstellung schlug Fernand vor, unsere 2 Zigaretten zu rauchen. Ich musste ihm dann beichten, dass sich die meine schon längst in Rauch aufgelöst hatte. Ohne Kommentar brach mein treuer Freund seine Zigarette in zwei Hälften, und wir schlenderten dann durch die Kolmarerstrasse, in einer ganz besonders dunklen Nacht. Plötzlich, an der Ecke der Rouffacherstrasse, und ohne dass wir Zeit hatten zu verstehen was geschah, waren wir von einer Bande von H.J. (Hitlerjugend) umzingelt, die eine Ausweiskontrolle durchführten. Fernand hatte mit seinen Blechschmiedhänden (nicht herabsetzend gemeint), seinen Zigarettenstummel zerdrückt, während ich, immer grosser Herr spielend, die meine auf den Bürgersteig geworfen hatte, wo sie Funken sprühen liess. Ich wurde auf den nächsten Polizeiposten geführt, wo ein Protokoll aufgenommen wurde. Ich muss gestehen, dass ich gar nicht stolz war, ich musste ja meinen Eltern über dieses Missgeschick berichten. Ich fing bei meiner Mutter an, die mir sofort riet zum Kommissariat zu gehen, um zu bitten, den Strafzettel an sie, meine Mutter, zu schicken. Natürlich hat der Dienstpolizist geschmunzelt, als er mir erklärte, dass er mir nicht helfen kann, da das Oberhaupt der Familie mein Vater sei.

Dann kam, was kommen sollte. Drei Wochen später hielt mein Vater einen Einschreibebrief in der Hand. Ich sehe die Szene heute noch. Zuerst öffnete er verwundert den Brief, dann versuchte er zu verstehen, dann runzelte er die Augenbrauen, dann schrie er. Aber er schrie nicht weil ich auf der Strasse geraucht hatte, sondern weil man mich erwischt hatte, und weil er 3,85 Mark Strafe zahlen musste.

Wahrhaftig brachte mir die Zigarette nur Unangenehmes, jedesmal wenn ich versuchte meine erste Zigarette zu rauchen erwischte man mich. Mein Entschluss war gefasst ; Stop mit der Zigarette. Ich habe aufgehört zu rauchen, bis zu dem Tag der Befreiung als uns die Soldaten, als verführende Dämonen, Zigaretten schenkten. Konnte ich mir eine solche Gelegenheit entgehen lassen ? Die Zigaretten waren damals sehr teuer und rar, ausserdem waren sie rationiert. Ich konnte ein solches Geschenk nicht ablehnen und so begann ich wieder zu rauchen. Aber eines Tages stellte ich mir die Frage : Was ist eine Zigarette ? Es sind weisse Spiralen die in die Atmosphäre aufsteigen, begleitet von unseren Träumen, und ein Teppich von schwarzem Staub, der sich schleichend in unsere Lungen setzt.

Als ich das endlich erkannt hatte, habe ich entgültig aufgehört zu rauchen ! da war ich aber schon 40 Jahre alt.

Erinnerungen an das Kriegsende in Breisach.

Nachdem die Bevölkerung von Breisach 1939 und 1940 schon einmal evakuiert worden war, hofften wir alle, den schlimmsten Teil des Krieges für uns überstanden zu haben.

Doch es war nicht so, wie die folgenden Zeilen berichten:

Nach den Sommerferien 1944 gab es bei uns in Breisach am Rhein keinen Schulunterricht mehr. Alle Schüler, also auch meine Mitschüler (Jahrgang 1929/30) und ich mussten am 31. August zum Schanzen. Die Jungen wurden in die Vogesen geschickt (mein Vater war als Betreuer der Jungen dabei), wir Mädchen wurden in Breisach zum Schanzen eingesetzt.

Ende November/Anfang Dezember wurden schließlich alle Frauen und Kinder evakuiert.

Meine Mutter und ich blieben allerdings in Breisach bei meinem Vater, der zum Volkssturm einberufen worden war. Meine Schwester, Jahrgang 1924, war als Flakhelferin in Fürth bei Nürnberg eingezogen.

Je näher die Front kam, desto größer wurde die strategische Bedeutung der Breisacher Eisenbahnbrücke, und ihrer Zerstörung galten Dutzende von Fliegerangriffen. Am 20. Januar 1945 z. B. herrschte den ganzen Tag rege Fliegertätigkeit, was keine Ausnahme war. Nach und nach kamen schon deutsche Wehrmachtsverbände über die Rheinbrücke zurück und die Front rückte immer näher. Den Kanonendonner hörte man immer deutlicher. Ab dem 23. Januar hörten wir nicht nur die Abschüsse der Geschütze, sondern auch das Pfeifen der Granaten, die unmittelbar in unserer Nähe einschlugen. Nun hatten wir auch kein Licht und kein Wasser mehr. Am 28. Januar war das Trommelfeuer so schlimm, dass wir keine Gelegenheit mehr fanden, aus dem Keller herauszukommen, um etwas Wasser am Brunnen zu holen. An diesem Tag gab es auch vier Menschenleben zu beklagen. Die Lage wurde immer schlimmer und so wurde am vierten Februar der Totalräumungsbefehl ausgegeben, wonach sich kein Zivilist mehr in Breisach aufhalten durfte. Wir wurden mit einem Militärlastwagen in der Nacht vom dritten auf den vierten Februar, als bereits die ganze Oberstadt in Flammen stand, unter dauerndem Beschuss mit Phosphorgranaten nach Ihringen gefahren. Rechts und links schlugen die Granaten ein. Wir hatten alle Todesängste und nie mehr in meinem Leben habe ich ein so flehendes Beten von ein paar Leuten erlebt wie auf dieser Fahrt.

In Ihringen stand der Zug mit dem wir nach Marbach/ Kreis Saulgau gebracht werden sollten. Unterwegs, in Ihringen, war jedoch ein Fliegerangriff, und wir mussten raus aus dem Zug und den nächsten Luftschutzkeller aufsuchen. Danach ging es weiter nach Herbertingen, das als nächstgelegene Stadt einen Bahnhof hatte, und von wo aus wir schließlich in das Dorf Marbach gelangten und bei einer netten Bauersfamilie untergebracht wurden.

Im April stand meine Schwester plötzlich vor der Tür. Der zuständige Unteroffizier, der in dem Alter war, in dem er Vater der Mädchen hätte sein können, hatte den jungen Flakhelferinnen einen Urlaubsschein ausgestellt und sie nach Hause geschickt, damit sie den alliierten Truppen und damit einer Gefangenschaft entgehen sollten.

Der Einmarsch der französischen Truppen in das kleine Dorf im April 1945 versetzte uns in Angst und Schrecken. So mussten wir alle Radiogeräte, Photoapparate und Fahrräder auf die Dorfstraße legen, auf der sie dann von Panzern überrollt wurden.

Ende Mai machte sich meine Mutter mit meiner Schwester und mir zu Fuß mit einem so genannten „Laissez-passer“, dem Passierschein der Kommandantur, in der Tasche und einem kleinen Kinderwagen (ein Modell etwa aus der Zeit der Jahrhundertwende, mit großen übereinandergehenden Rädern) auf den abenteuerlichen Weg nach Hause. Mit uns liefen noch eine Frau mit ihrem Kind und ein alter Mann. In dem Kinderwagen hatten wir hauptsächlich Lebensmittel, die wir aus einem liegengebliebenen Verpflegungszug der Wehrmacht auf dem Herbertinger Bahnhof, und Brot von der Bäuerin.

Übernachten durften wir unterwegs in leerstehenden Räumen von Gemeinden, und abends baten wir bei den Bauern um etwas Milch.

Auf der Landstraße trafen wir auf sehr viele französische Truppen, so dass meine Mutter sich um ihre 14 und 21 jährigen Töchter sorgte.

Nach sechs Tagen trafen wir in Donaueschingen bei Bekannten ein. Von da aus hatten wir die Gelegenheit, mit einem Milchauto bis Freiburg mitzufahren. In Freiburg sagten uns die Bekannten, dass unser Vater mit allen anderen Angestellten, die beim Finanzamt Freiburg-Land arbeiteten, in Emmendingen interniert worden sei. Das Finanzamt Freiburg-Land war ins Simonswälder Tal ausgelagert worden und dort von Gaunern überfallen und ausgeraubt. Dabei wurde die Finanzkasse erbeutet und Uhren, Schmuck und Geld den Angestellten abgenommen. Mein Vater sollte erst einige Wochen später freikommen, nachdem die prekäre Situation geklärt worden war und man die Gauner geschnappt hatte. Endlich konnte er zu seiner Familie zurückkehren.

So zogen wir also alleine weiter nach Breisach, wo wir allerdings kein Zuhause mehr vorfanden, da in unsere Wohnung im Breisacher Finanzamt, das früher als Kaserne gedient hatte und nun von den französischen Truppen genutzt wurde, ein französischer Offizier eingezogen war. Bei netten Bekannten kamen wir notdürftig unter. Um Lebensmittelkarten zu bekommen, mussten alle Frauen zwischen 14 und 65 Jahren „Schippen gehen“, d. h. Schutt und Trümmer der zerstörten Gebäude wegräumen.

Schule hatten wir natürlich keine, da Breisach zu über 90 % zerstört worden war und es keine Räumlichkeiten gab. Die Volksschule (heute Grund- und Hauptschule) wurde noch einige Zeit als Notschule im Wartesaal des einigermaßen noch erhaltenen Bahnhofs und in einer Wirtsstube untergebracht.

Für uns Oberschüler (Sexta bis Obertertia) der Martin Schongauer Schule (damals Oberrealschule) gab es alle acht Tage, am Sonntag, von einem Forststudenten in einem Raum gemeinsam Notunterricht. Jeden Sonntag musste einer der Schüler den Studenten zum Essen nach Hause mitnehmen, da der Unterricht privat organisiert wurde. Offiziell gab es für uns gar keinen Schulunterricht.

Die Möglichkeit, einen regulären Unterricht zu besuchen, erhielten wir Oberschüler erst zum neuen Schuljahr 1946 nun aber in Freiburg, und erst, nachdem es wieder eine Zugverbindung zwischen den beiden Städten gab.

Wir verbrachten dann den ganzen Tag in Freiburg, da es nur einen Zug morgens nach Freiburg und abends zurück nach Breisach gab.

Es war wieder ein Stück Normalität in unser Leben eingekehrt.

So erlebte ich die letzten Monate des Krieges.

Es waren schwere Zeiten, aber wir haben alles geschafft!

Isolde SCHEIDEMANN

Souvenirs de la fin de la guerre à Vieux-Brisach

La population de Vieux-Brisach ayant déjà été évacuée en 1939 et 1940, nous espérions tous avoir survécu au plus gros de la guerre.

Mais ce n'était pas le cas, comme le confirme ce qui suit : après les vacances d'été de 1944, il n'y avait plus de cours dans les écoles de Brisach. Tous les élèves (classe 29/30) étaient réquisitionnés pour creuser des tranchées, à partir du 31 août. Les garçons étaient envoyés dans les Vosges (mon père en avait la charge), les filles étaient engagées à Brisach.

Fin novembre, début décembre, toutes les femmes et tous les enfants furent évacués. Ma mère et moi-même sommes restées à Brisach avec mon père incorporé dans le «Volkssturm». Ma sœur née en 1924 était à Fürth près de Nuremberg, comme aide d'artillerie de la défense aérienne.

Plus le front se rapprochait de Brisach, plus grande devenait l'importance stratégique du pont de chemin de fer et de sa destruction. Il fut l'objet de douzaines de bombardements. Le 20 janvier 1945, régnait toute la journée une intense activité aérienne. Ce qui n'était pas une exception. Petit à petit des unités allemandes revinrent par le pont du Rhin et le front se rapprochait. Le bruit des canons devint de plus en plus perceptible. A partir du 23 janvier, nous entendions le sifflement des obus qui tombaient tout près de nous. Nous n'avions ni lumière, ni eau. Le 28 janvier, le tir continu était tellement nourri, que nous n'avons pas pu sortir de la cave, pour chercher de l'eau à la fontaine. Ce jour là, nous avons déploré 4 vies humaines. La situation devenait de plus en plus grave et le 4 février l'ordre d'évacuation générale fut donné et aucun civil ne pouvait plus séjourner à Brisach. Dans la nuit du 3 au 4 février, nous avons été transportés par camion militaire vers Ihringen, alors que le haut de la ville était en flammes. Les obus tombaient de tous côtés, j'étais morte de peur et je n'ai jamais entendu prier avec autant de ferveur que durant ce voyage.

A Ihringen, le train qui devait nous emmener à Marbach, nous attendait.

Pendant le voyage, il y a eu un bombardement à Immendingen. Nous devions quitter le train pour nous rendre dans l'abri le plus proche. Nous avons poursuivi notre voyage jusqu'à Herbertingen, la ville la plus proche ayant une gare, pour arriver enfin au village de Marbach, où nous étions hébergés dans une sympathique famille de paysans.

En avril, ma sœur se trouvait subitement devant la porte. Le sous-officier responsable, lequel d'après l'âge, aurait pu être le père de ces jeunes filles, leur a établi un titre de permission et les a renvoyées à la maison, afin de leur éviter les troupes alliées et de se trouver en prison.

L'entrée en 1945 des troupes françaises (surtout des Marocains) a déclenché chez nous peur et panique. Nous devions placer dans les rues radios, appareils photos, bicyclettes, qui étaient alors écrasés par des chars.

Fin mai, ma mère se mit en route, à pied, avec ma sœur et moi-même pour entreprendre l'aventureux retour à la maison. Elle était munie d'un laissez-passer de l'Etat major et poussait une voiture d'enfant (un modèle du début du siècle). Nous étions accompagnées d'une femme avec un enfant et d'un vieil homme. Dans le landau nous avions essentiellement de la nourriture provenant d'un train abandonné à la gare de Herbertingen et du pain de la fermière.

Nous passions la nuit dans des locaux désaffectés des communes et le soir nous demandions un peu de lait aux paysans.

Sur la route, nous avons rencontré beaucoup de troupes françaises. De ce fait, ma mère craignait pour ses deux filles âgées de 14 et 21 ans. Au bout de 6 jours, nous sommes arrivés chez des parents à Donaueschingen. De là, nous avons eu l'occasion de continuer jusqu'à Fribourg dans une voiture transportant des bidons de lait.

A Fribourg, des amis nous ont dit que notre père et d'autres employés de la Trésorerie de Fribourg étaient internés à Emmendingen. Cette Trésorerie avait été transférée dans la vallée de Simonswald où des bandits, l'ont attaquée et dévalisée. La caisse fut vidée ; les employés furent délestés de leurs montres, bijoux, argent et même de leurs alliances. Mon père ne fut libéré que quelques semaines plus tard après l'arrestation des cambrioleurs. Il a enfin pu rejoindre sa famille.

Nous avons continué seules notre route sur Brisach, mais nous n'avions plus de logement, car la Trésorerie de Brisach, qui servait autrefois de caserne, était à présent occupée par les troupes françaises et un officier français habitait notre appartement. De sympathiques amis nous hébergèrent précairement.

Pour avoir des cartes d'alimentation, toutes les femmes entre 14 et 65 ans, devaient déblayer les ruines des bâtiments détruits. Evidemment, nous n'avions plus de cours, car Brisach était détruit à 90 % et vu qu'il n'y avait plus de locaux, l'école primaire était installée dans la salle d'attente de la gare ; nous avions une fois par semaine, le dimanche, un cours dispensé par un étudiant des Eaux et Forêts. Chaque dimanche, l'un des élèves devait inviter l'étudiant à manger à la maison, car ces cours étaient organisés sur initiative privée, officiellement nous n'avions pas de cours.

La possibilité de bénéficier d'un enseignement régulier ne nous a été offerte que pour la rentrée 1946, mais à Fribourg après rétablissement du trafic ferroviaire entre les deux villes. De ce fait, nous devions passer toute la journée à Fribourg, puisqu'il n'y avait qu'une liaison le matin sur Fribourg et le soir sur Brisach.

Un peu de vie normale était entrée dans notre existence. C'est ainsi que j'ai vécu les derniers mois de la guerre.

Les temps étaient durs, mais nous sommes arrivés au bout.

Doux souvenirs de souterrains

Jeanne FALLECKER était parmi ces Pfastattois, qui avaient trouvé refuge dans les galeries souterraines de la commune avant la libération. Elle y a fait la connaissance de son mari.

Entre la libération de Mulhouse en novembre 1944 et celle de Pfastatt le 20 janvier 1945, ces vastes galeries avaient abrité les habitants de la commune, des combats qui faisaient rage dans le secteur. Jeanne FALLECKER avait alors 24 ans. Elle se souvient de son passage dans ces galeries. Des souvenirs qui gardent pour elle un parfum particulier et très doux.

Le 1er décembre, alors que de nombreux habitants de la commune avaient déjà trouvé refuge dans les galeries, Jeanne s'est décidée à les rejoindre, accompagnée de sa maman. «Nous sommes parties précipitamment. Les premières caves étaient déjà remplies. Nous avons donc été accueillies dans celle située sous l'actuelle résidence Hirschler, où il y avait environ 80 personnes dans, disons, 25 mètres de galeries». A cette époque la résidence était une antenne de l'hôpital du Hasenrain. «C'était le pavillon des maladies contagieuses»... Parmi ces malades se trouvait un certain Eugène FALLECKER d'Aspach-le-Haut, qui se remettait d'une scarlatine, le futur mari de Jeanne, qui fera assez vite sa connaissance.

En attendant, la vie en sous-sol s'était organisée... «Moi, je sortais tous les matins avant 8 heures pour chercher de la nourriture et du charbon. Chacun devait se débrouiller. On pouvait sortir le matin avant que les Français ne commencent à tirer... Il y avait des lits superposés qui ont été installés par les Allemands. Une sœur a bien voulu nous céder un lit de 70 cm de large pour maman et moi. Lorsque l'une d'entre nous se retournait, l'autre devait en faire autant...»

Margré ces contraintes, Jeanne se souvient : «Bonne ambiance, tout le monde s'entendait bien». Pour Noël on a fait un festin de pommes et de noix».

Puis il y a l'amour qui lui est tombé dessus... «Il m'a abordée très vite. Il est venu me parler après m'avoir entendue chanter pendant la messe... Notre lieu de rencontre c'était la chaufferie et quand il y avait des bombardements et que la lumière s'éteignait, vous pensez bien qu'on en profitait pour s'embrasser». L'aimable octogénaire en sourit encore. «Pour moi les souterrains c'est un bon souvenir, franchement.»

Le 14 juillet de cette même année 1945, la jeune femme épousait Eugène FALLECKER avec lequel elle est restée mariée 53 ans, jusqu'au décès de celui-ci en 1998. «J'avais une perle de mari» raconte-t-elle avec émotion. «J'ai eu une belle vie. C'est une chance vraiment, d'être descendue dans ces souterrains».

Jeanne FALLECKER

Une des galeries souterraines

Süsse Erinnerungen aus unterirdischen Galerien

Jeanne FALLECKER, war unter den Pfastätter Einwohnern, die vor der Befreiung Zuflucht in den unterirdischen Galerien der Stadt gefunden hatten. Dort lernte sie ihren Ehemann kennen. Während der Zeit zwischen der Befreiung von Mulhouse im November 1944 und der Befreiung von Pfastatt am 20. Januar 1945, haben diese Galerien die Einwohner der Stadt, vor den Kämpfen geschützt, die in dieser Gegend tobten. Jeanne Fallecker war damals 24 Jahre alt. Sie erinnert sich an ihren Aufenthalt in den Galerien. Erinnerungen, die für sie ein besonderes und süsses Parfum haben.

Am ersten Dezember, während schon viele Einwohner dort Zuflucht gefunden hatten, beschloss auch Jeanne mit ihrer Mutter in die Galerien zu flüchten, überstürzt gingen wir fort. Die ersten Keller waren schon besetzt. Wir wurden dann in der Galerie empfangen die sich unter der aktuellen Residenz HIRSCHLER befindet, wo sich schon 80 Personen befanden. Damals war diese Residenz ein Nebengebäude des Hasenrainspitals. «Es war das Gebäude der ansteckenden Krankheiten». Unter den Kranken befand sich auch ein gewisser Eugen FALLECKER der sich vom Scharlach erholte, der zukünftige Ehemann von Jeanne, dessen Bekanntschaft sie sehr bald machen wird.

Das Leben im Untergrund organisierte sich... «Ich ging jeden Morgen vor 8 Uhr aus um Lebensmittel und Kohlen einzukaufen. Jeder musste sich selber helfen. Es waren Stockbetten von den Deutschen aufgestellt. Eine Schwester war so nett, uns ein 70 cm breites Bett zu überlassen für meine Mutter und mich. Wenn eine von uns sich umdrehte, musste sich die andere auch umdrehen.»

Trotz dieser Unannehmlichkeiten erinnert sich Jeanne «Es herrschte eine gute Stimmung und ein gutes Zusammenleben. An Weihnachten hatten wir ein Festessen mit Äpfeln und Nüssen.»

Und dann hat sie die Liebe überfallen. «Er hat mich sehr bald angesprochen, nachdem er mich während des Gottesdienstes singen hörte»... Unser Treffpunkt war der Heizungsraum und wenn Fliegeralarm war und das Licht ausging können sie sich denken, dass wir es ausnutzten um uns zu küssen». Die freundliche Achtzigjährige lächelt heute noch. «Für mich waren diese Galerien eine schöne Erinnerung».

Am 14 Juli 1945, heiratete die junge Frau Eugène FALLECKER, mit dem sie 53 Jahre verheiratet war, bis zu seinem Tode 1998. «Ich hatte eine Perle als Gatten» erzählt sie gerührt. «Ich hatte ein schönes Leben. Es war ein Glück, dass ich in diese Galerien ging.»

******

Le miracle de Noël

Ceci s'est passé en 1944, une veille de Noël, le 24 décembre.

Depuis le début du mois de novembre toute la famille s'était réfugiée dans les caves de la Brasserie de Lutterbach, en raison des combats qui nous menaçaient.

Mon père qui était pourtant un grand croyant, réunit les 10 membres de la famille, dont mon bébé de 6 mois, pour nous dire, qu'étant donné les circonstances, nous ne fêterons pas Noël cette année.

Ce même jour à 17 heures, nous fûmes informés qu'une citerne d'eau (liquide précieux), était à notre disposition.

Deux de mes petites sœurs, l'une âgée de 12 ans, l'autre de 14 ans, se proposèrent pour cette corvée. Lorsqu'elles furent servies elles se sont dirigées vers l'escalier menant aux caves. A ce moment, un homme qui les suivait fut touché mortellement, par une série d'éclats d'obus dans le dos. Son large dos a protégé mes deux petites sœurs.

Lorsque mon père apprit l'affreuse nouvelle, il changea d'avis. «Nous fêterons Noël et nous inviterons à notre table les quelques soldats allemands séparés de leur famille.»

Après le repas, un des jeunes soldats me demanda si je lui permettais de prendre mon bébé qui était dans son berceau.

Dans l'affirmative, il le tint dans ses bras, tandis que de grosses larmes coulaient le long de son visage. Il nous expliqua, que lui aussi avait un petit enfant de cet âge et qu'il était très triste car il ne l'avait pas encore vu.

Nous tous qui ne voulions pas fêter, Noël, furent touchés aux larmes en voyant ce jeune papa heureux de pouvoir tenir un bébé contre lui et ceci malgré l'horreur de cette terrible guerre.

N'est-ce pas un miracle de Noël ?

Suzanne DURRWELL

Col. Association d'Histoire de Lutterbach

Ein Weihnachtswunder

Dies geschah 1944, am Weihnachtsabend. Seit November hatte die ganze Familie in den Kellern der Lutterbacher Brauerei Zuflucht gefunden, weil wir wegen den Kämpfen Gefahr waren.

Mein Vater, der zwar tiefgläubig war, versammelte die 10 Familienmitglieder, darunter mein 6 Monate altes Baby, um uns zu sagen, dass wir dieses Jahr, der Umstände wegen, Weihnachten nicht feiern werden.

Am selben Tag wurden wir gegen 17 Uhr benachrichtigt, dass uns ein Fass Wasser, eine kostbare Flüssigkeit, zur Verfügung stand. Zwei meiner Schwestern, 12 und 14 Jahre alt, boten sich für diese Arbeit an. Als sie mit Wasser versorgt waren, gingen sie zur Treppe, die in den Keller führte. In diesem Moment wurde ein Mann, der ihnen folgte, durch Granatsplitter tödlich verletzt. Sein breiter Rücken hatte meine zwei Schwestern geschützt.

Als mein Vater diese schreckliche Nachricht erfuhr, änderte er seine Meinung : «Wir werden Weihnachten feiern und die wenigen deutschen Soldaten, die von ihren Familien getrennt sind, einladen.» Nach dem Essen fragte mich einer der jungen Soldaten, ob er mein Baby aus seiner Wiege nehmen dürfte. Ich gab ihm die Erlaubnis, und als er es an seiner Brust hielt, rollten grosse Tränen über sein Gesicht. Er sagte uns, dass auch er ein Kind desselben Alters hat, und er war traurig, denn er hatte es noch nicht gesehen.

Wir alle, die Weihnachten nicht feiern wollten, waren tief bewegt von diesem jungen Vater, der glücklich war, ein kleines Kind an seine Brust drücken zu können trotz der Schrecken des Krieges.

Ist das nicht ein Weihnachtswunder ?

Wir hatten weder Bücher noch Hefte

Zunächst möchte ich dem Stadtseniorenrat herzlich zum Jubiläum gratulieren und für die kommenden Jahrzehnte gute und erfolgreiche Arbeit wünschen.

Als Kinder erlebten wir die Kriegsjahre in Freiburg. Eingeschult wurde ich zum Schuljahr 1941/42 in der Tivoli Schule. Diese Schule musste später dem Bau der Turnhalle für die Weiherhofschulen weichen. Die Tivoli Schule war zwar ein schönes Gebäude, aber baulich nicht gerade in gutem Zustand. Sie hatte ein „Türmle". Dort oben waren die Klassenzimmer der Erstklassler. Wir mussten wegen der Baumängel immer sehr langsam und ruhig die Treppen hinaufgehen. Im Klassenzimmer selbst durfte niemals getobt werden!

Mit dem Rüstzeug von 2 1/2 Jahren Grundschule starteten wir unsere gymnasiale Schulzeit, in der dann auch noch zwei Kurzschuljahre verkraftet werden mussten.

Die Arbeitsbedingungen für Lehrer und Schüler waren schwierig. Es gab fast keine Bücher. Nur der „Blattner", das Lehrbuch für Französisch, stand in ausreichender Zahl zur Verfügung. Französisch war in der französischen Zone erste Pflichtfremdsprache. Diese „Pflicht" hat sich für mich ein Leben lang positiv ausgewirkt. Die französische Sprache habe ich – neben dem in der Schule später beginnenden Englischunterricht – immer gebraucht.

Ein großes Problem waren auch die Hefte. Brauchte man ein neues Heft, musste man ein voll geschriebenes Heft dafür abgeben, damit war oft auch die Möglichkeit, Stoff zu wiederholen, nicht mehr vorhanden.

Die Klassen waren groß. Als aber die Flüchtlinge aus den Ostgebieten ab 1948 auch in die französische Zone kamen, wuchsen auch die Klassen weiter an. Probleme gab es in meinem Umfeld dennoch nicht. Wir sind einfach zusammen gerückt.

Schreiben und besonders Schönschreiben war ein breites Arbeitsfeld für uns Kinder in der Schule. Wir erlernten in der 1. Klasse die Sütterlin Schrift, um dann gleich in der 2. Klasse auf die lateinische Schrift umzulernen! Das war wirklich nicht ganz einfach.

Bedingt durch Unterrichtsausfall bei Fliegeralarm und der Evakuierung nach dem Bombenangriff auf Freiburg, beendeten wir unsere Grundschulzeit nach ca. 2 1/2 Jahren.

Am 15.10.1945 begann der Unterricht wieder in Freiburg, nach dem am 01.10.1945 das Gebäude des Friedrich Gymnasium von den Franzosen freigegeben worden war.

Zu Beginn des Unterrichts war die Situation der Freiburger Oberschüler katastrophal. Die Schulgebäude in Freiburg waren entweder total zerstört, schwer beschädigt oder beschlagnahmt. Als einziges Gebäude hat das Friedrich Gymnasium die Kriegszeit einigermaßen unversehrt überstanden, wenn auch ca. 2/3 der Fensterscheiben fehlten.

Die Klassenzimmer waren dunkel und kalt. Die Fensterflächen waren zum Teil mit Holz vernagelt. Der Strom war rationiert. Und der Winter 1946/1947, ein richtiger Hungerwinter, war bitter kalt. Einmal durften wir vorzeitig nachhause. Die Tinte im Tintenfass auf der Bank war eingefroren! Füller und Kuli gab es damals natürlich nicht. Eine weitere Besonderheit waren die „Kohleferien" in diesen harten Nachkriegswintern. Die vorhandenen Brennstoffe reichten einfach nicht aus.

Das Friedrichgymnasium, für ca. 400 Schüler gebaut, musste in der Zeit ab Oktober 1945 Schüler aus der ganzen Stadt aufnehmen. In dieser Zeit waren 2 500 bis

3 000 Schüler in diesem Gebäude, die in drei Schichten (vormittags, mittags und nachmittags) unterrichtet wurden mit 12 bis 20 Wochenstunden.

Noch 1947 waren es im Gebäude des Friedrich Gymnasiums 2 200 Schüler, obwohl in den anderen Schulgebäuden schon nach und nach Klassenräume wieder hergestellt worden waren.

Neben den räumlichen Unzulänglichkeiten war der Lehrermangel ein großes Problem. Viele Lehrer waren im Krieg geblieben, andere waren vermisst. Diese Aufgabe war für die Verantwortlichen kaum zu lösen.

Lassen Sie mich noch auf ein anderes Thema kommen.

Eine Besonderheit in der französischen Zone war auch das französische Benotungssystem, das bis ca. 1954 praktiziert wurde. Es gab von 0 bis 20 Punkte, wobei 20 Punkte die beste Note war. Später wurde wieder auf das noch heute gültige Notensystem umgestellt, das die Noten 1 bis 6 kennt, wobei die 1 wiederum die beste Note war.

In jener Zeit, in der alle Hunger hatten, gab es in den Schulen eine tägliche Schülerspeisung: Grießbrei mit Rosinen, Linsen, Kakao und ein Weckle und manchmal auch ein kleines Täfelchen Schokolade!

Gespendet wurde alles von den Quäkern in Amerika, von der Schweiz und von Norwegen. Das war eine große Hilfe, für die ich mich auch an dieser Stelle herzlich bedanke. Wir Kinder waren alle unterernährt und waren glücklich über diese tägliche warme Mahlzeit in der Schule.

Ein besonders positives Signal nach diesen schrecklichen Wirren, setzte auch unser Französischlehrer. Er kam eines Tages mit einer handvoll Adressen in die Klasse und fragte, wer gerne eine Brieffreundin in Frankreich hätte. Die Adressen waren alle von Schülern eines großen Gymnasiums in Paris. Jeder der eine Adresse hatte, konnte mit der Korrespondenz beginnen.

Wir schrieben Briefe mit großem Eifer und den eben erlernten Sprachkenntnissen. Die Antworten aus Frankreich kamen natürlich auch in französischer Sprache! Die erste Reise zur Brieffreundin in Paris war unter den damaligen Bedingungen schwierig. Es gab noch keine offenen Grenzen. Die Zugverbindungen waren schlecht.

Aber die Begegnung mit meiner Gastfamilie und der Gastschule waren für mich von bleibendem Wert. Zumal die Verbindung zu meiner damaligen Brieffreundin bis auf den heutigen Tag geblieben ist.

Ich bin fest überzeugt, dass dieses schulische Engagement und viele andere Projekte die Grundlage gelegt haben zur deutsch-französischen Freundschaft. Ich wünsche allen viele grenzüberschreitende Projekte und viele bi- und trinationale Freundschaften in einem gemeinsamen Europa.

Ursula KURI

Liebe Geneviève !!

Wenn du einst als Großmama,
Im Lehnstuhl sitzt bei Großpapa,
So denk in deinem Glück,
An deine Freundin oft zurück

Brunstatt, den 16.5.1944.

Nous n'avions ni livres, ni cahiers !

Enfants nous avons vécu les années de guerre à Fribourg. J'étais scolarisée en 1941/1942 à l'école Tivoli. Cette école a du céder la place à la construction d'un gymnase pour les écoles «Weiherhof». L'école Tivoli était certes un beau bâtiment, mais pas spécialement en bon état. Elle avait une petite tour où se trouvaient les classes primaires. Nous devions, en raison de leur vétusté, monter les marches doucement et tranquillement. Dans les classes nous n'avions pas le droit d'être turbulents.

Après deux ans 1/2 d'école primaire, entourés d'échafaudage, nous avons débuté nos études secondaires auxquelles se sont encore ajoutées deux années de cours accélérés.

Les conditions de travail pour les instituteurs et les élèves étaient difficiles. Il n'y avait presque pas de livres. Seul, le «Blattner», le livre d'apprentissage du français était en nombre suffisant, à la disposition des élèves. Le français était dans cette zone une langue étrangère obligatoire. Cette obligation s'est avérée positive pour moi, pendant toute ma vie. La langue française, ainsi que l'anglais appris plus tard, m'ont toujours été utiles.

Les cahiers nous posaient également un gros problème. Lorsque nous avions besoin d'un cahier neuf, nous devions donner en échange un cahier écrit, ce qui nous privait d'éléments de révision.

Les salles de classe étaient grandes, mais lorsqu'à partir de 1948 les réfugiés arrivèrent dans la zone française, les classes devenaient trop petites. Dans mon environnement, il n'y a pas eu de problème. Nous nous sommes tout simplement serrés.

Ecrire et en particulier «bien écrire» était pour moi une activité essentielle. En première classe nous apprenions l'écriture «Sutterlin» et dès la 2ème année, l'écriture latine. Ce n'était vraiment pas facile.

Suite à l'absence de cours en raison des alertes et de l'évacuation après le bombardement de Fribourg, nos études primaires se terminèrent au bout de 2 ans 1/2 environ.

Le 15.10.1945, les cours ont repris à Fribourg, après que l'administration française ait mis le bâtiment du lycée Friedrich à disposition.

La situation des lycéens fribourgeois était catastrophique. Les établissements scolaires étaient soit entièrement démolis, soit fortement endommagés ou réquisitionnés. Le seul bâtiment ayant à peu près survécu aux années de guerre, sans trop de dommage, était le lycée Friedrich, quoiqu'environ 2/3 des vitres manquaient.

Les salles de classe étaient sombres et froides. Les surfaces de fenêtres étaient clouées. Le courant était rationné et l'hiver 1946/1947 fut un véritable hiver de famine et de froid. Le jour où l'encre était gelée dans l'encrier, nous pouvions rentrer plus tôt ; à l'époque il n'y avait évidemment ni stylos à encre, ni stylos à bille.

Une autre particularité de ces deux hivers d'après guerre, étaient les «vacances de charbon», les combustibles disponibles ou existants, ne suffisant absolument pas.

Le Lycée Friedrich était conçu pour recevoir 400 élèves. A partir de 1945, il a du accueillir les élèves de toute la ville. A cette époque, il y avait 2 500 à 3 000 élèves dans cet établissement. Ils avaient cours soit le matin, soit l'après midi, au total 12 à 20 heures par semaine.

Après 1947, il y avait 2 200 élèves dans le lycée Friedrich, malgré la remise en état de salles de classe dans d'autres établissements scolaires.

Outre l'insuffisance des locaux, le manque de personnel enseignant était un gros problème. Beaucoup d'instituteurs étaient morts à la guerre, d'autres étaient portés disparus. Ce problème était difficile à résoudre par les responsables.

Il y avait une particularité dans la zone française : c'était la notation pratiquée jusqu'en 1954, qui allait de 0 à 20, 20 étant la meilleure note. Plus tard, on est revenu au système de notation encore en vigueur aujourd'hui qui va de 1 à 6, le 1 étant la meilleure note.

A cette époque où tout le monde avait faim, il y avait dans les écoles une distribution journalière de nourriture : bouillie de semoule, avec des raisins de Corinthe, des lentilles, du cacao, un petit pain et quelquefois une tablette de chocolat. Ces dons venaient d'Amérique, de Suisse, de Norvège. Ce fut pour nous une grande aide, pour laquelle je remercie les donateurs. Nous les enfants, nous étions sous-alimentés et nous étions heureux de ce repas chaud à l'école.

Dans ce chaos, notre professeur de français nous apporta un élément positif. Il vint un jour en classe avec un lot d'adresses et nous a demandé qui désirait avoir une correspondante en France. Toutes les adresses étaient d'élèves d'un grand lycée parisien. Nous pouvions correspondre dès que nous avions une adresse.

C'est avec un grand enthousiasme et avec les connaissances en français que nous venions d'acquérir, que nous avons écrit des lettres. Les réponses de France nous arrivèrent en français. Les premiers voyages vers Paris chez la correspondante française, étaient difficiles, en raison des circonstances. Les frontières n'étaient pas encore abolies et les relations ferroviaires étaient mauvaises.

Mais la rencontre avec ma famille d'accueil et avec l'école était pour moi une valeur durable, puisque ma relation avec ma correspondante perdure jusqu'à ce jour.

Je suis persuadée, que cet engagement scolaire ainsi que d'autres projets, ont établi la base de l'amitié franco-allemande. Je souhaite à tous beaucoup de projets transfrontaliers et beaucoup d'amitié bi ou trinationales, dans une Europe unie.

Mes souvenirs de guerre

Lorsque la guerre éclata, j'avais près de 8 ans, deux années derrière moi pour apprendre la langue française, car à la maison nous ne parlions que le dialecte alsacien. Vinrent alors 4 années d'enseignement en langue allemande, aux horaires assez perturbés du fait du manque de maîtres. Beaucoup d'entre eux étaient partis au front et l'on dut faire appel à des instituteurs déjà partis à la retraite. C'est ainsi que pendant un certain temps, nous nous trouvions en présence de M. Sauter, habitant du village. Pauvre homme, nous lui en faisions voir de toutes les couleurs !

A la libération, on nous remettait à la langue française et à 14 ans, nous quittions l'école avec des rudiments des deux langues, sans les posséder complètement, ce qui fait qu'aujourd'hui encore, nous parlons souvent un mélange des deux, selon que les mots nous viennent plus facilement soit de l'une ou de l'autre de ces deux langues.

Ce dont je me souviens le mieux de ces tristes années de guerre, ce sont les restrictions. On manquait de tout et ce qui était disponible était rationné : le beurre, le tabac, les chaussures, le fil à coudre, le pain, la viande, le café et j'en passe. Personnellement je n'ai jamais souffert de la faim, mais nos parents devaient faire des miracles pour nourrir leur famille. Il y avait des cartes d'alimentation pour beaucoup de denrées. Ces cartes composées de tickets, nous servaient par exemple, pour chercher le pain. En plus du prix du pain il fallait remettre au boulanger un certain nombre de tickets pour recevoir sa miche. Parfois, en cachette, ma marraine qui travaillait chez le boulanger, me les rendait ; quelle aubaine ! Mais gare ! celui qui, en début de mois mangeait plus de pain que la ration attribuée devait s'en passer à la fin du mois. Alors il fallait se débrouiller. On allait «hamstern», c'est-à-dire chercher à engranger des provisions comme le fait le hamster. Ma mère enfourchait son vélo et partait dans le Sundgau à la chasse aux vivres. Parfois je pouvais l'accompagner sur le vélo homme, obligeamment prêté par mon parrain. Mais attention, il ne fallait surtout pas abîmer les pneus ou les chambres à air car eux aussi étaient rationnés. Et on allait de village en village, de ferme en ferme ; pour acheter, bien sûr au marché noir, un morceau de lard paysan, un litre de lait, un bouquet de feuilles de tabac ou un morceau de pain paysan. Les feuilles de tabac, traitées selon toutes les recettes possibles que les hommes se passaient, complétaient les rations octroyées. Les fumeurs non moins enragés que ceux d'aujourd'hui, prenaient n'importe quoi, pourvu que ça fume ! C'était ce qu'on appelait le «Partisanentabak». Ceux qui avaient un jardin cultivaient quelques plants de tabac, tout comme des légumes et des pommes de terre. Et on élevait des lapins et des poules pour avoir des œufs et de la viande. Mais il ne fallait pas dépasser un certain nombre de plants de tabac, de poules ou de lapins. Gare aux contrôles ! Pour nourrir tout ce petit monde, il fallait après l'école, aller aux champs ramasser de l'herbe, des pissenlits et glaner du blé après les récoltes. Avec ce même blé on essayait de faire de la farine dans une espèce de gros moulin à café et avec cette farine «complète» on faisait des «Pfluta» (gnocchis) d'une couleur plus que douteuse. Mais ça nourrissait.

J'ai encore un bon souvenir se rapportant à une motte de beurre. Mon père et quelques collègues de l'usine avaient l'occasion de fabriquer une pièce destinée à réparer une machine chez un producteur de produits laitiers et leur récompense consistait en une grosse motte de beurre qu'ils se partageaient. Mon père rentrait de l'usine radieux et je vous garantis, que j'ai mangé ce soir là la meilleure tartine de ma vie.

Un autre souvenir se rapporte à un morceau de saucisse blanche. A cette époque, pour faire démarrer une voiture, il fallait une manivelle. Et notre boucher charcutier avait perdu la sienne et c'est moi qui l'ai retrouvée. Ma récompense consistait en un morceau de saucisse blanche. Quel délice ! En revanche, il y avait d'autres délices dont on ne connaissait plus que le nom : oranges, bananes, figues, chocolat n'existaient tout simplement plus.

Une obligation imposée aux écoliers consistait à aller ramasser des doryphores dans le champs de pommes de terre. Cette horde de gamins faisait autant de tort aux plants que les bestioles chassées. Celles-ci finissaient leur vie dans des bouteilles remplies d'eau ou brûlées au bord du champ.

Vers la fin de la guerre notre village vit arriver des prisonniers de guerre russes. Ils furent cantonnés au «Cercle catholique» (les actuelles associations St. Gall). En cachette nous, les enfants du quartier, leur apportions quelques vivres, un morceau de pain, quelques patates en robe des champs. En remerciements ils nous fabriquaient des petits articles en bois : des oiseaux, des poules picorant sur un petit plateau etc...

Puis vint ce moment tant espéré où la rumeur se fit entendre : Les Français sont en route pour nous libérer. Le front se rapprochait et le grondement des canons s'entendait de plus en plus. Jusqu'au jour, le 25 novembre 1944, où, terrés dans nos caves, nous entendions le bruit de la bataille qui faisait rage autour de nos maisons et attendions le moment de saluer nos libérateurs. Enfin ils étaient là ! Mais dans le village les gens découvraient les blessures de la guerre, retrouvaient leurs maisons démolies ou endommagées, pleuraient leurs morts, victimes des balles et des obus ou de l'effondrement de leur maison. Les blessés furent évacués vers les hôpitaux.

Peu à peu, la reconstruction s'opéra et les plaies se refermèrent. Malgré tout, la vie continuait.

Il y a 60 ans de cela...

Reine ALBRECHT/BAY

Meine Kriegserinnerungen

Als der Krieg ausbrach, war ich 8 Jahre alt. Ich hatte zwei Jahre lang französisch gelernt, da wir zu Hause nur elsässischen Dialekt sprachen. Dann, während der Besatzung hatte ich 4 Jahre lang deutschen Unterricht. Da es an Lehrern fehlte, die meisten waren an der Front , war der Stundenplan etwas gestört. Man rief dann schon pensionierte Lehrer zum Dienst zurück. So hatten wir einige Zeit Herrn Sauter, einen Einwohner unseres Dorfes. Armer Mann ! Wir haben ihm das Leben schwer gemacht.

Nach der Befreiung hatten wir wieder französischen Unterricht und mit 14 Jahren war unsere Schulzeit zu Ende. Wir hatten elementare Kenntnisse in beiden Sprachen, ohne sie gut zu beherrschen, so dass wir heute noch eine Mischung von beiden sprechen, je nachdem uns die Worte in französisch oder in deutsch spontan in den Mund kommen.

Aus diesen traurigen Jahren, erinnere ich mich besonders an die Einschränkungen. Es fehlte an allem, und was vorhanden war, war rationiert : Butter, Tabak, Schuhe, Garn, Brot, Fleisch, Kaffee, usw. Ich persönlich habe nie unter Hunger gelitten, aber unsere Eltern hatten viel Mühe ihre Familien zu ernähren. Es gab Lebensmittelkarten für viele Artikel. Diese Karten nützten uns zum Beispiel um Brot zu kaufen. Für das Brot, mussten wir eine gewisse Anzahl Marken dem Bäcker geben. Manchmal gab mir im Geheimen, meine Patin, die beim Bäcker arbeitete, die Marken zurück. Welch ein Glück ! Aber weh demjenigen, der schon anfangs des Monats seine Ration Brot ass, er musste dann bis Ende des Monats darauf verzichten, man wusste sich aber zu helfen. Wir gingen hamstern. Meine Mutter stieg auf ihr Fahrrad und fuhr in den Sundgau auf Lebensmitteljagd. Manchmal konnte ich sie begleiten. Wir gingen von Dorf zu Dorf, von Bauernhof, zu Bauernhof, um natürlich auf dem Schwarzmarkt ein Stück Bauernspeck, einen Liter Milch, einen Strauss Tabakblätter oder ein Stück Bauernbrot zu kaufen.

Die Tabakblätter, die durch allerhand Rezepte verarbeitet wurden, ergänzten die zustehende Ration. Die Raucher verwendeten irgendwelche Kräuter, Hauptsache war : es rauchte ! Man hiess es «Partisanentabak» Diejenigen die einen Garten besassen, pflanzten Tabak, so wie sie Gemüse und Kartoffeln pflanzten. Sie zogen auch Kaninchen und Hühner auf, um Fleisch und Eier zu haben. Aber Vorsicht vor den Kontrollen, denn man durfte eine gewisse Zahl von Tabakpflanzen, Hühnern oder Kaninchen, nicht überschreiten. Um diese kleine Tierchen zu füttern, mussten wir nach der Schule, Gras und Löwenzahn holen und nach der Ernte, Ähren sammeln. Mit diesen Ähren versuchte man in einer grossen Kaffeemühle, Mehl zu erzeugen. Aus diesem Mehl wurden «Pflütta», welche eine eher zweifelhafte Farbe hatten, aber es ernährte uns.

Ich habe noch eine gute Erinnerung an einen Butterklumpen. Mein Vater und einige Kollegen, hatten die Gelegenheit, für einen Milchprodukteproduzenten ein Maschinenersatzteil herzustellen. Die Belohnung dafür war ein grosser Butterklumpen, den sie sich teilten. Mein Vater kam strahlend nach Hause, und ich kann Ihnen versichern, dass ich an diesem Tag «das beste Butterbrot gegessen habe».

Eine andere Erinnerung betrifft ein Stück Weisswurst. Damals brauchte man eine Kurbel, um ein Auto anspringen zu lassen. Unser Metzger hatte seine vorloren, und ich habe sie wieder gefunden. Als Belohnung bekam ich ein Stück Weisswurst. Was für ein Genuss ! Dagegen gab es andere Köstlichkeiten, von denen wir nur noch die Namen kannten : Orangen, Bananen, Feigen, Schokolade, die es einfach nicht mehr gab.

Die Schüler waren verpflichtet auf den Kartoffeläckern, Kartoffelkäfer einzusammeln. Diese Kinder richteten aber ebensoviel Schaden an wie die Käfer. Die Kartoffelkäfer beendeten ihr Leben in einer mit Wasser gefüllten Flasche, oder sie wurden am Rande des Ackers verbrannt.

Gegen Ende des Krieges kamen russische Kriegsgefangene in unser Dorf. Sie wurden im «Cercle Catholique» (Heute : Association St Gall) untergebracht. Wir Kinder aus diesem Viertel brachten ihnen im geheimen einige Lebensmittel, ein Stück Brot oder einige Pellkartoffeln. Als Dank bastelten sie uns kleine Holzartikel : Vögel, auf einem kleinen Tablett pickende Hühner.

Dann hörten wir das Gerücht, auf das wir so lange gehofft hatten : Die Franzosen sind auf dem Wege, um uns zu befreien. Die Front näherte sich, und wir hörten immer mehr das Donnern der Geschütze. Bis an den Tag des 25. November 1944, als wir aus den Kellern, in die wir uns verkrochen hatten, den Lärm der Schlacht hörten die um unsere Häuser tobte. Wir warteten auf den Moment an dem wir unsere Befreier begrüssen konnten. Endlich waren sie da ! Aber im Dorf entdeckten die Einwohner die Wunden des Krieges, sie fanden ihre Häuser zertrümmert oder beschädigt, sie weinten um ihre Toten, Opfer der Kugeln und Granaten, oder des Zusammensturzes ihrer Häuser. Die Verwundeten wurden in die Spitäler gebracht.

Langsam wurde wieder aufgebaut und die Wunden heilten. Trotz allem ging das Leben weiter.

Dies geschah vor 60 Jahren !

Rencontre insolite

En ce mois de septembre 1944, j'habitais à Dijon et je me promenais tranquillement, lorsque je me suis trouvé face à un char américain. Debout, sur le char, se trouvait non pas un soldat, mais un curé en soutane, alors que les chars allemands étaient encore à quelques centaines de mètres.

Ce curé était le Chanoine KIR, un personnage très aimé et estimé à Dijon, futur Député-Maire de Dijon, mais également futur doyen de l'Assemblée Nationale à Paris.

Ce résistant a eu deux fois la vie sauve grâce à son portefeuille qu'il portait toujours sur son cœur.

Mondialement connu pour l'invention du célèbre mélange de crème de cassis et de Bourgogne aligoté qui porte son nom. (un tiers de crème de cassis et deux tiers de vin blanc).

Henri SEMARD

Le chanoine Kir

Félix Kir est né le 22 janvier 1876 dans une famille d'origine alsacienne très pieuse, installée à Alise-Sainte-Reine en Côte d'Or. Il est nommé curé en 1901 dans ce département.

Il est un farouche opposant à la gauche anticléricale au pouvoir, il entre alors de plein pied dans l'action politique.

Pendant la première guerre mondiale, il est mobilisé et sert de 1914 à 1918.

Revenu de la guerre, il retrouve sa paroisse de Bèze et reprend ses activités.

Elu conseiller municipal de Dijon avant la 2ème guerre mondiale, il est nommé maire de la ville par le régime de Vichy en 1940. Très vite, il entre en résistance, et ses actions lui vaudront d'être condamné à mort par les tribunaux nazis, mais sera gracié et libéré 2 mois après. Il fut arrêté une deuxième fois le 22 octobre 1943, et à nouveau relâché pour manque de preuve. Le 26 janvier 1944, il est mitraillé (11 balles) à son domicile par la Milice. Ayant miraculeusement échappé à la mort, il se réfugie par la suite en Haute Marne, non loin de Martigny les Bains. Le 11 septembre 1944, il réussit un coup médiatique en se faisant photographier sur un char américain participant à la libération de Dijon.

Aux premières élections municipales de la libération, il conduit la liste de droite contre les partis de gauche et l'emporte contre toute attente. Il est réélu jusqu'à sa mort.

Ce dynamisme, le chanoine Kir le porte jusqu'à Paris, puisqu'il est élu député de Dijon de 1945 à 1967. Il est un des derniers ecclésiastiques élus à l'assemblée nationale, et le dernier à porter la soutane dans l'hémicycle. Opposant au pouvoir gaulliste, il reçoit en 1960, contre l'avis de l'Elysée, le dirigeant soviétique Khrouchtchev. A cette occasion sera créé un cocktail, le double K (Kir-Khrouchtchev) composé d'un tiers de crème de cassis, un tiers de vin blanc et d'un tiers de vodka.

Le chanoine Kir est mort le 26 avril 1968, à l'âge de 92 ans !

Raymond WOOG

(source : Laurent Robelin, master d'histoire, sept. 2006
et les archives de la ville de Dijon)

Eine aussergewöhnliche Begegnung

Im September 1944, wohnte ich in Dijon. Eines Tages, als ich spazieren ging, stand ich plötzlich vor einem amerikanischen Panzer. Es war nicht ein Soldat der auf diesem Panzer stand, sondern ein Pfarrer im Priesterrock, während die deutschen Panzer einige hundert Meter entfernt waren.

Dieser Pfarrer war der Chanoine Kir, eine beliebte und geschätzte Persönlichkeit, zukünftiger Oberbürgermeister von Dijon, aber auch zukünftiger Ältester der Nationalversammlung in Paris.

Sonderbares Schicksal : Dieser Widerstandskämpfer rettete zweimal sein Leben dank seiner Brieftasche die er stets auf seiner Brust trug.

Weltbekannt für seine Erfindung der berühmten Mischung : 1/3 schwarzer Johannisbeeren Likör und 2/3 weisser Burgunder, der heute noch seinen Namen trägt (ein Kir).

Henri SEMARD

Domherr Kir

Felix Kir ist am 22 Januar 1876 in Alise Sainte Reine (Côte d'Or), in einer sehr frommen elsässischen Familie geboren. 1901, wird er Pfarrer in diesem Departement. Er ist ein harter Gegner der kirchenfeindlichen regierenden Linken. Er tritt dann, mit vollem Fuss in die politische Aktion ein.

Im ersten Weltkrieg ist er mobilisiert und dient von 1914 bis 1918.

Als er vom Krieg zurückkehrte, fand er seine Pfarrei wieder und nahm seine Tätigkeiten wieder auf.

Als Stadtrat gewählt vor dem zweiten Weltkrieg, wird er 1940 durch das Vichy Régime zum Oberbürgermeister der Stadt Dijon ernannt. Sehr bald tritt er in den Widerstand, und wegen seinen Aktionen wird er von den Nazi Gerichten zum Tode verurteilt. Zwei Monate später wird er begnadigt und entlassen. Am 22 Oktober 1942, wird er zum zweiten mal verhaftet und wieder entlassen, mangels Beweisen.

Am 26 Januar 1944, wird er in seiner Wohnung von der Miliz zusammengeschossen (11 Kugeln). Wie durch ein Wunder ist er dem Tode entronnen. Er flüchtet in die Haute Marne, in der Nähe von Marigny-les-Bains.

Am 11 September 1944 gelingt ihm eine auffallende Aktion, indem er sich auf einem amerikanischen Panzer, der an der Befreiung von Dijon teilnahm, fotografieren lässt.

Bei den ersten Wahlen nach der Befreiung, führte er die Liste der rechten, gegen die der linken Parteien, und siegte gegen alle Erwartungen. Er blieb Oberbürgermeister bis zu seinem Tode.

Diese Tatkraft trägt er bis nach Paris, da er von 1945 bis 1967 als Abgeordneter der Stadt Dijon immer wieder gewählt wurde.

Er war einer der letzten Geistlichen der in die Nationalversammlung gewählt wurde und der letzte, der dort im Priesterrock tagte.

Er war ein Gegner des Gaullistischen Regime und empfing, gegen den Wunsch des Elysee Palastes, 1960, den sowietischen Dirigenten KROUCHTCHEV. Aus diesem Anlass wurde ein Cocktail erfunden, der doppelte K (Kir-Krouchtchev) zusammengestellt aus 1/3 schwarzer Johannisbeer Likör - 1/3 Weisswein - 1/3 Vodka.

Chanoine KIR starb in Dijon am 25 April 1968 im Alter von 92 Jahre.

La libération de Jungholtz

Samedi 3 février 1945, on sent la débâcle.

Dimanche 4 février, il y avait encore beaucoup de neige. Au cours de la matinée des soldats allemands, qui revenaient du front (Route des Crêtes) passaient par le village à pied, dans un état lamentable, sales, mouillés, etc

Deux soldats allemands sont restés sur place, ayant reçu l'ordre de faire sauter le pont qui se trouvait à l'entrée du village. Ils ont décidé de ne pas suivre les ordres reçus et d'attendre les Français pour se constituer prisonniers. Ils sont donc restés dans l'étable d'une ferme du village.

On entendait des coups de feu dans le lointain, mais rien dans le village. Tout le monde était à l'affût, ne sachant pas ce qui allait se passer.

On sentait les soldats français tout proches. Dans l'après-midi tout s'est précipité entre 16 et 17 heures. Nous avons appris qu'un Français était venu tout seul de Wuenheim à pied par le Rothrain et la rue des Tuiles. C'était l'Adjudant-Chef Roux. Lorsque nous sommes arrivés, il se trouvait avec les deux prisonniers allemands.

Le directeur de la SACM, à l'époque Monsieur Brobecker, avait constitué un petit groupe de FFI.

Il y avait beaucoup de réfugiés à Jungholtz qui venaient de Mulhouse. Mon père, Eugène DISSEL, et un réfugié qui travaillait à l'usine SACM, étaient chargés de conduire les deux prisonniers à Wuenheim où se trouvait l'armée française. En arrivant sur les hauteurs où se trouve actuellement le monument A.D.E.I.F. ils tombent sur une patrouille française, parmi laquelle se trouvait un Alsacien, lequel voulait fusiller les deux Allemands sur le champ. Il s'était évadé pour ne pas être incorporé dans la Wehrmacht et sa famille a été déportée. Il voulait prendre sa revanche. Ils ont essayé de le dissuader et sur ces entrefaites l'Adjudant-chef Roux est arrivé et a donné l'ordre de ne rien faire et de les conduire à Wuenheim. Vingt cinq années plus tard, en été 1969, l'Adjudant-chef Roux est revenu à Jungholtz.

Il était à la recherche des deux hommes qui avaient conduit les deux Allemands à Wuenheim. Il a retrouvé mon père qui était à l'époque maire du village. Ils ont échangé plein de souvenirs. Il nous a raconté pourquoi il était venu seul, à pied, en éclaireur. Son unité était stationnée à Aspach près de Cernay. Depuis quelques semaines, il s'occupait de l'animation des troupes. Ce jour là il était allé à Belfort pour négocier un contrat avec Joséphine Baker.

Dans la journée sa patrouille était partie d'Aspach en éclaireur et elle est tombée sur des chars TIGER. Il y eut 45 morts : c'étaient des camarades. Ce jour-là, grâce à Joséphine Baker, le Destin a voulu qu'il eut la vie sauve.

Philomène SCHWAMM-DISSEL

Die Befreiung von Jungholtz

Am Samstag, der 3. Februar 1945, spürte man das Debakel.

Sonntag den 4. Februar, lag noch viel Schnee. Im Laufe des Vormittags, gingen deutsche Soldaten zu Fuss durch das Dorf. Sie kamen von der Front (Route des Crêtes), zwei von ihnen blieben im Dorf. Sie hatten den Befehl, die Brücke die sich am Dorfeingang befand zu sprengen. Sie beschlossen diesem Befehl nicht zu folgen und auf die Franzosen zu warten, um sich zu ergeben. Sie blieben also im Stall eines Bauernhofes. Man hörte Schüsse in der Ferne aber nichts im Dorf selbst. Alle waren auf der Lauer ohne zu wissen, was passieren würde. Man spürte, dass die französischen Soldaten ganz in der Nähe waren.

Wir erfuhren, dass ein französischer Soldat, allein, zu Fuss von Wuenheim kam. Es war der Oberfeldwebel ROUX. Als wir ihn trafen, war er mit zwei deutschen Gefangenen zusammen.

In Jungholtz, waren viele Mülhauser Flüchtlinge. Mein Vater Eugène DISSEL, und ein Flüchtling der in der SACM arbeitete, waren beauftragt, die zwei Gefangenen nach Wuenheim zu führen, wo die französische Armee war. Als sie auf die Höhe des Berges kamen, stiessen sie auf eine französische Streife. Unter ihnen war ein Elsässer, der die zwei Gefangenen auf der Stelle erschiessen wollte. Er flüchtete damals, um nicht in die Wehrmacht einberufen zu werden und seine Familie wurde darum deportiert. Er wollte sich rächen. Die anderen Soldaten versuchten ihn davon abzuhalten. Schließlich kam der Oberfeldwebel ROUX und gab den Befehl, sie nach Wuenheim zu führen.

25 Jahre später, im Sommer 1969, kam er nach Wüenheim zurück. Er war auf der Suche nach den zwei Männern, die damals die zwei deutschen Gefangenen nach Wuenheim geführt hatten. Er traf meinen Vater, der 1945 Bürgermeister war. Sie tauschten viele Erinnerungen aus. Er erzählte mir warum er damals allein, zu Fuss als Aufklärer gekommen war. Seine Sektion war in Aspach, bei Cernay stationiert. Seit einigen Wochen war er Animator bei den Truppen. An diesem Tag ging er nach Belfort um einen Vertrag mit Joséphine Baker auszuhandeln. Im Laufe des Tages verliess seine Sektion Aspach. Sie stiess auf Panzer (Tiger). Es gab 45 Tote, es waren Kameraden. An diesem Tag verdankte er Joséphine Baker sein Leben. Das Schicksal wollte, dass er mit dem Leben davon kam.

Après la Guerre
Nach dem Krieg

Heureuse enfance, triste adolescence

Né à Mulhouse, rue du Runtz, je jouissais d'une enfance heureuse, harmonieuse et confortable. Mon père Oscar, vendeur à la quincaillerie Dietlin, place Franklin, ma mère, ouvrière chez Jourdain à Altkirch, m'entouraient, ainsi que mon frère, d'une attention chaleureuse.

D.M.C. embaucha mon père comme employé de bureau. Il y retrouva mon grand-père Victor, qui sera infirmier durant cinquante ans (voir Tome II p. 84-85). L'arrivée d'un interne à l'entreprise, hâta sa fin.

C'est à cette période, alors que mon grand-père venait me chercher à la porte principale de l'usine, me conduisant à travers ces magnifiques arrangements paysagistes, que s'ouvrit à moi le monde de la beauté de la nature du calme. En effet, D.M.C. était une immense usine, brillante à l'intérieur des ateliers, mais le décor bucolique et paisible, avec son réfectoire, traversé par le Steinbächlein, son étang, ses carpes et autres poissons rouges, ses gazons merveilleusement entretenus, ses grands arbres, me traçaient un avenir radieux au sein de cette entreprise, avec pour objectif d'être balayeur, ou au mieux paysagiste, un jour en ces lieux.

Pendant la guerre, nous habitions au 82 rue de Brunstatt. Je me souviens des avions, des sirènes, des chapelets de bombes qui tombaient sur Mulhouse. La maison de mon grand-père, près de la gare du nord, fut rasée par 27 obus. Sur le tas de gravats trônait la statue de Ste Thérèse, en plâtre peint, laquelle se trouvait d'habitude sur la coiffeuse de la chambre à coucher...

Puis les Américains furent là et mon départ pour la Suisse (voir Tome II, p. 74). Je revois l'image de ma mère, logeant des soldats noirs, grands gaillards, très sympathiques, les poches toujours remplies de friandises, et son acte de bravoure pour empêcher l'explosion d'une partie du quartier.

C'est à cette époque aussi, que j'appris le destin peu banal, de mon oncle Emile. Le père de ma mère avait déjà quelques enfants, lorsqu'il partit à la guerre 14/18. A son retour, il reconnaît un nouveau fils, que ma grand-mère avait mis au monde, engendré par un soldat allemand, en garnison à Altkirch. Au début de la guerre 39/45, ce même fils devant être incorporé de force dans la Wehrmacht, refusa de signer, mettant en avant, que lors de son incorporation et son service militaire dans l'armée française, il avait juré fidélité au drapeau !

Il passa au tribunal spécial de Strasbourg, je cite «Autorité exécutive : parquet du Procureur de Strasbourg, décision pénale : délit : s'est soustrait au service militaire, le 27 juillet 1944. Genre et si possible durée : respectivement, durée maximale de la peine à exécuter : 5 ans de réclusion ; détention préventive à déduire : 2 mois, début de la peine, seulement après la guerre.

Emprisonné au pénitencier de Bruchsal s/n° d'écrou 277/44 en août 1944, transféré au pénitencier de Ludwigsburg le 26 mars 1945 ; dernière adresse connue : Prague !

Après la libération, épuisé, meurtri physiquement et moralement, il mourut, enfermé dans son univers de folie.

Après la guerre, mon père fut «prêté» par D.M.C. pour entrer comme agent du Ministère des Anciens Combattants, dont les bureaux se trouvaient rue du Fil à Mulhouse. Nous avons déménagé au Tivoli, plus exactement rue de Reims, son travail consistait à regrouper les corps des soldats tombés en Allemagne et à leur donner une sépulture au Linge, Sigolsheim, etc. et à récupérer les meubles, objets, tableaux des Juifs spoliés.

J'étais à ce moment là au Petit Lycée et je fréquentais le conservatoire de musique.

Mon père fut ensuite muté à Strasbourg toujours au Ministère des Anciens Combattants. Puis vint la période où les postes furent réduits et on lui proposa l'emploi comme gardien de cimetière au Struthof. J'étais à ce moment là en

3ème au collège moderne à Strasbourg alors que mon frère allait faire ses études à Paris.

Ma vie au Struthof

Notre arrivée, dans un premier temps, à la Mairie de Natzwiller, par un triste jour de pluie battante, ma mère à l'avant d'un camion Citroën du Ministère, moi à l'arrière parmi les rares meubles qu'il nous était permis d'emporter.

Le réveil fut terrible, l'ambiance lugubre, j'avais 14 ans, fragile, craintif, inexpérimenté, j'ai découvert la baraque où nous allions habiter, située à l'emplacement actuel du Musée de la déportation à 200 mètres de l'entrée du camp.

La construction légère, faite avec des planches noires, enduites de goudron, sans plafond s'étalait sur environ 100 m^2, notre nouveau lieu de vie, constitué d'une seule pièce, dans laquelle ma mère avait suspendu des couvertures pour séparer, le lit de mes parents, le mien, un coin sanitaire, un bac à douche, un fourneau à bois avec son stock et une cuisine rudimentaire, une armoire, un fauteuil et quelques chaises.

Je me trouvais véritablement dans un autre monde, avec le sentiment d'être relégué, puni, dans un environnement glacial, humide et particulièrement inhospitalier. L'hiver se présenta et compliqua une situation déjà difficile, nous étions alors isolés, livrés à nous-mêmes, n'ayant jamais vécu en milieu campagnard et surtout montagnard, le Struthof étant à 900 mètres d'altitude.

Mon père devait improviser un texte sur la vie quotidienne des ex-prisonniers de ce camp NN (Nacht und Nebel) noyé dans le brouillard, inconnu du monde entier.

Les premières tournées furent très pénibles pour mon père du fait de la configuration du terrain, le climat, les escaliers très nombreux, la pente à 20 %, l'entretien sommaire des baraquements et des lieux. Les visites de cars avec 50 à

100 personnes étaient rentables, mais la plupart du temps il fallait faire le même parcours avec 2 ou 3 visiteurs.

A ce rythme, mon père fit une attaque et resta aphasique et en partie paralysé. Nous étions loin de tout, avec un téléphone souvent en panne, sans contact avec la direction. Mon père était privé de parole et ne reconnaissait personne. Je n'avais d'autre choix que d'essayer de le remplacer.

Cela me changea. Auparavant, je goûtais aux joies de la nature, la beauté des lieux, la faune, la flore, les champignons, les truites prises à la main, le cresson de fontaine...

Mes journées consistaient à me lever tôt, ranimer le feu, chercher le lait ou les œufs à la ferme située à côté de l'hôtel, cette ferme, dont le propriétaire M. Idoux était un homme remarquable, sachant les noms scientifiques de la plus petite herbe et qui animait les soirées «Rami» du samedi soir, avec tous les habitants du Struthof, une vingtaine de personnes.

L'ennemi fut le mauvais temps, surtout le vent, qui m'empêchait de progresser, la tête prise dans un étau, avec la peur au ventre, de trébucher et de renverser le bidon de lait.

Le pain se fabriquait à domicile. L'épicier le plus proche était à Natzwiller, et très peu achalandé. Il fallait descendre à Rothau ou Schirmeck, l'été en taxi, conduit par le maire. L'hiver c'est à ski, à bicyclette ou à pied, dur, très dur de transporter de lourdes charges, se battre contre les éléments souvent déchaînés, dans une neige haute et omniprésente. Le danger c'était la chute, l'isolement, exemple le propriétaire du bureau de tabac, monté au Struthof et retrouvé, par hasard au bout de trois jours avec une jambe cassée.

Il y avait aussi les visites chez le médecin, le dentiste, du courrier, le déneigement manuel sur de longues distances.

Cette expérience m'a marqué, changé, forgé mon caractère. Je me souviens de ces travailleurs Maghrébins, vivant dans des conditions telles, que la situation des prisonniers était sans commune mesure, certes, mais très éprouvante, logés eux aussi dans des baraques dormant sur un simple matelas, le feu à même le sol, sans hygiène, sans famille. J'étais leur seul compagnon et confident, leur sens de l'amitié et de la générosité, doublé d'une résistance hors du commun m'ont laissé un sentiment d'admiration attendri et durable.

Mon père s'étant peu à peu remis fut repris par D.M.C. malgré ses handicaps. Après sa retraite, il quitta ce monde, toujours hanté par ses cauchemars.

Je devins homme, ayant été un témoin de ce que le genre humain peut faire de plus innommable, je garde le devoir d'une mission de mémoire à transmettre aux jeunes, qui doivent se souvenir, demeurer debout et veiller !

Roger KLEIN

Le camp du Struthof

Glückliche Kindheit, Traurige Jugend

Ich bin in Mulhouse, in der Runzstrasse geboren. Ich genoss eine glückliche, harmonische, bequeme Kindheit. Mein Vater war Verkaüfer in einem Eisenwarengeschäft und meine Mutter war Arbeiterin bei Jourdain in Altkirch. Beide umgaben uns, meinen Bruder und mich, mit einer lieben Sorgfalt.

Die Fabrik D.M.C. stellte meinen Vater als Büroangestellten ein. Dort arbeitete auch mein Grossvater Victor, der später, 50 Jahre lang als Krankenpfleger arbeitete, und der mich am Portal der Fabrik abholte und durch die herrlichen Gärten führte. Damals entdeckte ich die Schönheit der Natur und den Frieden dieser Umgebung.

D.M.C. war eine riesige Fabrik mit glänzenden Werkstätten, aber die Schönheit der Anlagen, der Speiseraum, das Steinbächlein, der Teich, seine Karpfen und andere Fische, die gut gepflegten Grünanlagen, die grossen Bäume, liessen mich eine schöne Zukunft in dieser Fabrik erwarten, sei es als Strassenkehrer oder, am besten, als Landschaftsarchitekt...

Kurz vor dem Krieg, wohnten wir in der Brunstätterstrasse 82 ; mein Vater ertrug das Drama der «Malgré nous» (Elsässer und Elsässerinnen die in die Wehrmacht oder in den Arbeitsdienst zwangseingezogen wurden).

Ich erinnere mich an die Flugzeuge, die Sirenen, die Bomben, die auf Mulhouse fielen. Das Haus meines Grossvaters wurde total zerstört. Auf dem Trümmerhaufen stand die Gipsfigur der heiligen Teresia, die gewöhnlich im Schlafzimmer meines Grossvaters stand.

Dann kamen die Amerikaner und meine Abreise in die Schweiz (Buch II-Seite 74) Ich sehe noch das Bild meiner Mutter, die schwarze Soldaten einquartierte. Es waren grosse Männer, sehr sympathisch, ihre Taschen immer mit Süssigkeiten gefüllt. Ich denke auch an den Mut meiner Mutter, die verhinderte, dass ein Teil des Viertels explodierte.

In dieser Zeit erfuhr ich auch das sonderbare Schicksal meines Onkels Emile. Als mein Grossvater in den ersten Weltkrieg zog, hatte er schon mehrere Kinder. Als er zurück kam, hatte er einen Sohn mehr, den er anerkannte. Es war der Sohn eines deutschen Soldaten, damals in Altkirch stationiert den meine Grossmutter zur Welt brachte. Anfang des Krieges 39/45, sollte mein Onkel gezwungenerweise in die Wehrmacht eingezogen werden. Er weigerte sich es zu unterschreiben indem er betonte ; dass er, als er zum Militärdienst in die französische Armee eingezogen wurde der Trikolore die Treue schwur.

Er wurde vom Spezialgerichtshof in Straßburg zu 5 Jahren Gefängnis verurteilt, wegen Verweigerung des Militärdienstes. Nach dem Krieg, sollte die Strafe vollzogen werden.

Im August 1944, war er in der Strafanstalt von Bruchsal ; inhaftiert. Dann wurde er in die Strafanstalt von Ludwigsburg überführt. Seine letzte Adresse war Prag.

Nach seiner Befreiung, war er physisch und geistig verletzt. Er starb immer noch in seinem Wahnsinn eingesperrt.

Nach dem Krieg wurde mein Vater durch die Direktion vom DMC (Dolfus Mieg & Cie) dem Ministerium für frühere Frontkämpfer, zur Verfügung gestellt. Wir zogen um und wohnten in der rue de Reims. Seine Arbeit bestand darin, die Leichen der, in Deutschland gefallenen Soldaten zu sammeln und ihnen eine Ruhestätte auf dem Militärfriedhof auf dem Linge oder von Sigolsheim zu bereiten. Er sollte auch die Möbel, Gegenstände und Bilder, der ausgeraubten Juden, sammeln.

Ich war damals im kleinen Gymnasium und war Schüler der Musikhochschule von Mulhouse.

Mein Vater wurde dann zum Ministerium der früheren Frontkämpfer nach Strasbourg versetzt. Wir zogen wieder um und wohnten in einer schönen Villa. Als dann die Posten eingeschränkt wurden, bot man ihm einen Posten als Friedhofsaufseher auf dem Struthof an.

Mein Leben auf dem Struthof

Wir kamen bei strömendem Regen auf dem Bürgermeisteramt von Natzwiller an. Das Erwachen war schrecklich, die Stimmung düster. Ich war 14 Jahre alt, zerbrechlich, ängstlig und unerfaren. Ich entdeckte die Baracke die sich auf dem Gelände des jetzigen Museums befindet.

Es war eine leichte Konstruction von etwa 100 Quadratmetern aus schwarzen, mit Teer überzogenen Holzbrettern. Unser neues Heim, war nur ein einziger großer Raum. Meine Mutter hing Decken auf, um die Betten meiner Eltern und mein Bett zu trennen und einen Waschraum, eine Dusche und eine Küche einzurichten.

Ich befand mich tatsächlich in einer anderen Welt, mit dem Gefühl, gestraft zu sein, in einer kalten, nassen und unmenschlichen Umgebung. Der Winter kam und komplizierte noch diese schon schwierige Situation. Wir waren isoliert, uns selbst überlassen, wir hatten noch nie auf dem Lande gewohnt und besonders nie im Gebirge, der Struthof befand sich in 900 Meter Höhe.

Mein Vater war beauftragt einen Bericht zu schreiben über das tägliche Leben der früheren Gefangenen dieses Lagers (NN - Nacht und Nebel) das nirgendwo bekannt war.

Die ersten Rundgänge waren müsahm für meinen Vater : Gestaldung des Geländes (Abhang von 20%), der Unterhalt der Baraken und Umgebung. Die Besuche der Busse mit 50 bis 100 Personen war sehr lohnend, aber meistens mußte er diesen Weg mehrmals am Tag mit 2 bis 3 Personen machen. Das war zuviel für ihn, er bekam einen Schlaganfall, war gelähmt und konnte nicht mehr sprechen. Ich hatte keine andere Wahl, als ihn zu ersetzen.

Das änderte mein Leben. Früher hatte ich Freude an der Schönheit der Natur. Meine Tage verliefen jetzt wie folgt : ich stand früh auf, machte Feuer, holte die Milch oder Eier in der Farm neben dem Hôtel. Der Besitzer war M. IDOUX.

Er war ein netter Herr und wusste den botanischen Namen der kleinsten Pflanze. Er organisierte auch, an Samstagen, Gesellschaftsabende für die Einwohner des Struthofs, es waren ungefähr 20 Personen.

Der Feind war das Wetter, besonders der Wind, der mich behinderte schneller zu laufen. Ich hatte Angst zu stolpern und die Milch auszuschütten. Das Brot wurde zu Hause gebacken. Der nächste Lebensmittelhändler war in Natzwiller und hatte wenig anzubieten. Wir mussten nach Rothau oder Schirmeck gehen, im Sommer per Taxi, vom Bürgermeister gesteuert, oder, im Winter, per Ski, Fahrrad oder zu Fuss. Es war sehr hart schwere Lasten zu tragen und in hohem Schnee, gegen das Wetter zu kämpfen. Die Gefahr war der Sturz. Ein Beispiel : der Besitzer des Tabakgeschäftes, wurde mit einem Beinbruch, erst nach 3 Tagen aufgefunden, als er zum Struthof unterwegs war.

Es waren auch die Ärzte und Zahnarztbesuche, die Post, das Entfernen des Schnees, manchmal auf grossen Strecken.

Diese Erfahrung hat mich verändert und meinen Charakter geprägt.

Mein Vater erholte sich langsam. Trotz seiner Krankheit stellte ihn D.M.C. wieder ein. Er war im Ruhestand als er starb, immer noch von seinen Alpträumen verfolgt.

Ich wurde ein Mann. Ich war Zeuge zu welchen grausamen Taten die Menschen fähig sind. Es ist meine Pflicht der Jugend zu sagen : Denkt daran, bleibt aufrecht und wachsam.

«S'Chreschtkendala»
«L'enfant Jésus»

Nous sommes le 24 décembre 1945. les derniers préparatifs de Noël occupaient ma mère et ma grand-mère dans la cuisine. Mon père, cheminot, travaillait au dépôt, tandis que mon frère et moi-même étions occupés dans la salle à manger, mon frère à écrire une lettre et moi à faire un dessin pour le «Chreschtkendala», qui récompensait les enfants sages, lors de son passage dans la nuit de Noël. Mais il ne venait jamais seul, il était accompagné de son acolyte, le «Hans Trapp» (le «père fouettard») qui distribuait des coups avec son bâton. La rumeur courait, qu'il emmenait les mauvais garnements dans un grand sac, vers une destination inconnue. Brutalement, il me revient à l'esprit, les dires de ma mère : «attends, le «Hans Trapp» va t'emmener si tu n'es pas sage». Et c'est ce soir qu'il arrive le «Hans Trapp» ! Comment vais-je m'y prendre pour faire oublier que je n'étais pas toujours sage cette année ? Pendant ma méditation, mon père est arrivé de son travail et dit «Il est grand temps de décorer le sapin pour ce soir, sinon le «Chreschtkendala» ne passera pas». Il est allé chercher le sapin, l'installa sur une petite table pendant que maman apportait les boules et les guirlandes. Petit à petit, le sapin commençait à briller avec ses parures de fête. J'avais le droit de le regarder, mais surtout pas d'y toucher. En dernier, papa fixait soigneusement les bougies sur les branches extérieures, afin d'éviter que le sapin s'enflamme. La décoration terminée, je pouvais enfin installer la crèche sous le sapin, mais sans l'enfant Jésus, puisqu'il n'était pas encore né ! La figurine de l'enfant Jésus ne prendra sa place qu'après la messe de minuit ou le 25 au matin.

La nuit était tombée, sans que je m'en sois rendu compte. Vers 19 h, on se mettait à table pour un repas frugal. A peine terminé, ma grand-mère demanda à s'allonger un peu en prétextant une fatigue passagère. Bizarrement on me demanda de ne pas faire de bruit, afin qu'elle puisse se reposer, mais également pour qu'on entende la venue du

«Chreschtkendala» accompagné du «Hans Trapp». Nous sommes allés dans la salle à manger, papa alluma les bougies et éteignit la lumière. Ensemble les grands entonnent «Stille Nacht, Heilige Nacht». Un instant féérique, presque irréel, que c'est beau ! Dans l'escalier on entend une clochette et des pas lourds. Est-ce que par hasard, ce ne serait pas le «Chreschtkendla» ? Et ces pas lourds, est ce que par hasard... ? Et grand-mère qui n'était pas là pour me défendre. On sonne à la porte, tout le monde se tait, je me cache derrière une chaise, c'est maman qui va ouvrir. Mon petit cœur bat à se rompre, j'ai une de ces peurs ! Finalement la porte s'ouvre. Dans la pénombre, je ne vois qu'une forme menue vêtue de blanc, un cierge allumé dans une main et un cabas dans l'autre. Derrière cette vision, une autre silhouette m'apparut. Une masse foncée portant une robe de bure ; ceint d'une grosse ficelle et sur la tête un capuchon qui lui cachait le visage. Il était impressionnant avec un sac de charbonnier sur le dos. Je tremblais comme une feuille morte et éclatais en sanglots, quand de sa voix rauque il me demandait si j'avais été sage. Mon frère en protecteur me serrait contre lui. Maintenant cela me revient, il n'avait pas peur (il avait 8 ans de plus que moi, et devait être dans la confidence). Maman prit ma défense et lui dit «oui, oui, dans l'ensemble ça va !» Le «Hans Trapp» répondit «Non, ce n'est pas vrai, moi je le sais, tu n'as pas toujours été sage et tu n'obéis pas toujours à ta maman. Tu sais, au ciel on entend et on voit tout ce qui se passe sur la terre». Oui, bien sûr, il a dû le voir de là-haut, puisqu'il est au courant. Dans mes pleurs, il me faisait promettre, que l'année prochaine, je serai plus sage et surtout plus gentil avec ma maman, sinon, le Noël prochain, il m'emmènera dans son sac, pour me déposer dans une mine de charbon, là où sont rassemblés tous les enfants qui n'étaient pas sages. J'étais prêt à tout, je promettais d'être plus gentil et d'écouter ma maman. «Bon, comme c'est la première fois que je viens ici, je veux bien te laisser une chance, mais attention, je reviendrai l'année prochaine !...» Alors c'est le «Chreschtkendala» qui de sa voix fluette me consola «Comme tu as été gentil avec ta grand-mère, que tu fais de temps en temps les commissions, je t'ai apporté quelques friandises.» Et elle posa sur la table : un paquet de dattes, un paquet de figues séchées, des noix, quelques pommes rouges de Noël, une ou deux tablettes de chocolat et une boîte en bois, dans laquelle il y avait 12 cubes puzzle avec des fragments découpés, à assembler pour reconstituer les images illustrant des contes, tels que «Blanche Neige» «Cendrillon» etc... En remerciement, je devais réciter une prière pour l'Enfant Jésus et, ensemble nos visiteurs sont repartis pour rendre visite à d'autres enfants. Ouf ! je l'ai échappé belle. Papa ralluma la lumière et éteignit les bougies. Mais où est donc grand-mère ! «Tu sais, elle est âgée et très fatiguée, mais elle va bientôt se réveiller». En effet, quelque temps après, elle venait nous rejoindre. Je lui racontais la visite du «Chreschtkendala» et du «Hans Trapp» pendant qu'elle dormait. Elle dit n'avoir rien entendu et qu'elle était navrée, car elle aurait bien aimé les voir...

Maman apporta des «Bredala» le «Kougelhopf» et autres gâteries, les agapes pouvaient commencer. La radio, calée sur «Südwest Funk» diffusait des chants de Noël en allemand, repris en chœur par mes parents. Les privations d'après guerre ont fait que je voulais tout manger à la fois. On m'apprenait qu'il ne fallait pas avoir les yeux plus grands que l'estomac et surtout qu'il ne fallait rien gaspiller.

Avec toutes ces émotions et le ventre plein, j'ai dû m'endormir sur le divan. On me réveilla, car les cloches de la paroisse Ste Marie, invitaient les fidèles à la messe de minuit pour fêter la Nativité.

«Il est né le divin enfant».

Raymond WOOG

Das Christkind

Es war am 24 Dezember 1945. obwohl ich erst 2 Jahre alt war, erinnere ich mich noch sehr gut an diesen Abend. Die letzten Weihnachtsvorbereitungen beschäftigten meine Mutter und meine Grossmutter in der Küche. Mein Vater, Eisenbahner, war noch bei seiner Arbeit, während mein Bruder und ich im Esszimmer sassen. Mein Bruder schrieb einen Brief und ich malte ein Bild für das Christkind, das die braven Kinder in der Weihnachtsnacht belohnt. Aber das Chriskind war nie allein. Es war immer von Hans Trapp begleitet, der mit seinem Stock Schläge verteilte. Man sagte sogar, dass er die bösen Knaben (die Mädchen sind ja immer brav...), in einem grossen Sack nach einem unbekannten Ort mitnahm. Plötzlich erinnerte ich mich an die Worte meiner Mutter «Warte nur, der Hans Trapp wird dich mitnehmen». Und gerade heute Nacht kommt er ! «Wie soll ich es nur anstellen, damit er vergisst, dass ich in diesem Jahr nicht immer brav war ? Während ich darüber nachdachte, kam mein Vater und riss mich aus meinen Gedanken «Es ist Zeit, sagte er, den Tannenbaum zu schmücken, sonst kommt das Chriskind nicht bei uns vorbei»

Er holte den Tannenbaum und stellte ihn auf einen Tisch, während meine Mutter Kugeln und Girlanden brachte. Allmählich glitzerte der Tannenbaum in seinem Festschmuck. Ich durfte schauen aber ja nicht anfassen ! Zuletzt, befestigte mein Vater die Kerzen am äußerren Ende der Zweige, um zu verhindern, dass sie den Baum in Brand setzen. Als das Schmücken des Baumes fertig war, konnte ich endlich die Krippe darunter aufstellen, natürlich ohne das Jesus-Kind, da es ja noch nicht geboren war. Erst nach Mitternacht wird es seinen Platz einnehmen, oder am Morgen des 25. Dezember. Die Nacht war angebrochen, ohne dass ich es merkte. Um 19 Uhr nahmen wir ein einfaches Essen ein. Danach sagte meine Grossmutter sie möchte sich ein wenig ausruhen. Man bat mich, keinen Lärm zu machen, damit sie ruhen konnte, aber auch um die Ankunft des Christkindes und des Hans Trapp zu hören. Dann gingen wir in das Esszimmer und Papa zündete die Kerzen an und löschte das Licht. Zusammen sangen wir «Stille Nacht, Heilige Nacht». Ein zauberhafter Augenblick, fast unwirklich ! Wie schön das war !

Im Treppenhaus klang ein Glöckchen und wir hörten schwere Schritte. Könnte das nicht das Christkind sein ? und diese schweren Schritte «Wäre das nicht... ? Und Grossmutter ist nicht da, um mich zu verteidigen». Es klingelte an der Tür, Alle blieben still. Ich versteckte mich hinter einem Stuhl. Mama öffnete die Tür, mein kleines Herz schlug als wollte es zerbrechen. Ich hatte solche Angst ! Endlich ging die Tür auf. Im Dämmerlicht sah ich nur eine kleine weissgekleidete Gestalt, eine brennende Kerze in einer Hand und eine Tasche in der anderen. Hinter dieser Erscheinung sah ich eine andere Gestalt, eine dunkle Masse in einem Kleid aus groben Stoff, eine Schnur um die Taille und eine Kapuze auf dem Kopf, die ihm das Gesicht bedeckte. Er war eindrucksvoll mit seinem Kohlenhändler-Sack auf seinem Rücken. Ich zitterte wie Espenlaub und fing an zu schluchzen als er mich mit seiner rauhen Stimme fragte, ob ich brav gewesen war. Mein Bruder, als Beschützer, drückte mich an sich. Ich erinnere mich jetzt, dass er keine Angst hatte, (er war 8 Jahre älter als ich) und war wahrscheinlich eingeweiht. Meine Mama nahm meine Verteidigung und sagte : «Ja, ja, im grossen Ganzen ging es» «Das ist nicht wahr, ich weiss es, du warst nicht immer brav, und gehorchtest nicht immer deiner Mutter. Im Himmel hört und sieht man alles was auf Erden vorgeht». Bestimmt hat er es von da oben gesehen, da er auf dem Laufenden war.

Während ich weinte, musste ich ihm versprechen, nächstes Jahr bräver zu sein und besonders artiger meiner Mutter gegenüber, sonst... nähme er mich nächsten Weihnachten mit, um mich in einer Kohlengrube abzusetzen, da wo alle Kinder sind, die nicht brav waren. Ich war zu Allem bereit. Ich versprach, brav zu bleiben und gehorsam zu sein, usw... «Gut, da ich zum erstenmal hier bin, gebe ich dir noch eine Chance. Aber Achtung, ich komme nächstes Jahr wieder». Dann tröstete mich das Chriskind «Da du lieb warst zu deiner Grossmutter und ab und zu Einkäufe für sie besorgst, habe ich dir etwas mitgebracht». Sie legte Datteln, getrocknete Feigen, Nüsse, ein paar rote Weihnachtsäpfel, Schokolade und eine hölzerne Schachtel mit 12 hölzernen Würfeln (Puzzel), die zusammengesetzt Märchenbilder darstellen, auf den Tisch, sowie «Schneewitchen» «Aschenbrödel» usw... als Dank musste ich ein Gebet zum Jesuskind aufsagen. Dann gingen unsere Gäste weiter um andere Kinder zu besuchen. «Ouf» ich hatte es geschafft ! Papa zündete das Licht an und löschte die Kerzen. «Aber wo bleibt unsere Grossmutter ?» «Sie ist alt und sehr müde, aber sie wird bald aufwachen» sagte Mama. Einige Zeit später kam sie. Ich schilderte ihr den Besuch des Christkinds und des Hans Trapps. Sie sagte sie hätte nichts gehört und es täte ihr Leid, sie hätte die Beiden so gern gesehen.

Mama brachte dann «Bredala» «Kugelhopf» und andere Süssigkeiten. Das Festessen konnte beginnen. Aus dem Radio (Südwestfunk) klangen Weihnachtslieder, die wir zusammen mitsangen. Die Entbehrungen nach Kriegsende, hatten zur Folge, dass ich alles auf einmal essen wollte, obwohl man mir gelehrt hatte, «die Augen sollen nicht grösser als der Magen sein» und besonders, dass man nichts verschwenden darf. Mit diesen Aufregungen und einem vollen Magen, bin ich auf der Couch eingeschlafen. Mama weckte mich auf um mich anzuziehen, als die Glocken von der «Hl. Maria Kirche» die Gläubigen zur Mitternachtsmesse riefen um Jésus Geburt zu feiern.

«Il est né le divin Enfant»

Die Anfänge des Französischunterrichts in Freiburg

Neuerungen sind in den meisten Fällen personenbezogen. Es muss jemanden geben, der dahinter steht und voran treibt. So ist der Französisch-Schulversuch in seinen Anfängen nahezu meine persönliche idealistische Sache gewesen.

Weit voraus ging 1945 die Anordnung der französischen Besatzungsmacht, in allen Schulen der französischen Zone Französischunterricht einzuführen. Dieser wurde allerdings auch wegen des Lehrermangels bei erstbester Gelegenheit abgesetzt.

Meine Geschichte fing allerdings schon vor dem ersten Weltkrieg an und ist ein Stück oberrheinischer Familiengeschichte. 1914 – mein Vater, ausgelernter Koch in Mülhausen im Elsass, meldete sich zum Militär mit der Absicht, zwölf Jahre dabeizubleiben. Er kam in die Kaserne nach Colmar und wurde Koch im dortigen Offizierskasino. 1917 kam er an die Westfront und wurde dort auch verwundet.

Der Krieg ging zu Ende und die Soldaten wurden in die Heimat entlassen. Zurück im Elsass wurde er als Berufssoldat nicht gebraucht. Er wurde vor die Wahl gestellt, entweder Franzose oder abgeschoben zu werden. So gelangte er 1919 mit vielen anderen abgeschobenen Elsässern nach Freiburg. Diese Elsässer legten ihre Ersparnisse zusammen und gründeten die „Elsässische Baugenossenschaft“. Diese Genossenschaft errichtete in verschiedenen Orten Wohnblocks mit Einfachstwohnungen für ihre Mitglieder. So gab es auch in Freiburg Wohnmöglichkeiten für diese Elsässer. Da waren nun die Elsässer wieder unter sich. Die Mutter hatte auch noch elsässisches Blut aus Rheinau in den Adern. So wurde ich 1926 in eine der Elsässerkolonien hineingeboren. Meine Eltern betrieben da einen Lebensmittelladen. Hier fand

Kommunikation statt, und ich wuchs mit der elsässisch-alemannischen Sprache meiner Eltern und Nachbarn auf. Das Elsässische in unserer Siedlung verlor sich erst nach dem 2. Weltkrieg durch anderweitigen Zuzug. Der elsässische Bazillus blieb mir erhalten, so dass mich meine Verwandten heute noch „Waggis“ nennen.

Schon 1947 wagte es der sprachlich unauffällige „Waggis“, wieder ins Elsass zu gehen. Der Vogesenwanderer fand auch bald Gleichgesinnte und gute Freunde. Inzwischen war er Lehrer geworden und fand auch zu französischen Kollegen Kontakt. Da musste ich viele, viele Hinternisse überwinden. Letztlich wurde aber mein vertretener Standpunkt, dass die Elsässer keine Deutschen (ein oft gehörter Irrtum), sondern alemannisch sprechende Franzosen sind, gerne angenommen.

Zweisprachigkeit beschäftigte mich immer mehr. Es war mein Traum, mit der Zweisprachigkeit die Brücke von Baden ins Elsass zu schlagen.

Der Start

Auf einer meiner Vogesenwanderungen traf ich eines Tages zwischen Günsbach und Münster Albert Schweitzer. Es war mir eine große Freude, ein Stück des Weges mit ihm zu gehen und das Gespräch mit ihm im Dialekt zu führen.

Als er am 4.9.1965 starb, entstand im Freiburger Westen gerade der Stadtteil Landwasser. Ich machte mit einer Eingabe beim Oberbürgermeister den Vorschlag, die dort neu errichtete Schule nach Albert Schweitzer zu benennen. Ein Jahr später wurde ich sogar zum Leiter dieser Schule bestellt. Der Präsident des Oberschulamts und der Schulamtsdirektor, beide gute Musiker, ich selbst war wegen der Schulmusik nach Freiburg gekommen, wollten in der Albert-Schweitzer-Schule einen musischen Schwerpunkt bilden (Musik, Werken, Kunst, Sport). Die Lehrer wurden nach diesen Gesichtspunkten ausgewählt.

Darüber hinaus rang ich den Herren noch einen fremdsprachlichen Schulversuch mit Französisch vom 1. Schuljahr an ab. Der wurde allerdings illegal, ohne das Wissen des Kultusministeriums durchgeführt.

1968

Dieser Schulversuch wurde in großer Breite angelegt. Dazu wurden zusätzlich einige Lehrer mit französischen Sprachkenntnissen und Musiker an die Schule versetzt. Der Unterricht sollte fächerübergreifend gestaltet werden. Das Lesenlernen vollzog sich nach der Ganzheitsmethode: Bild-Wort-Farbe-Eigenfibel. Die Eigenfibel wurde im Text so gestaltet, dass er zugleich die Basis für die Sätze in Französisch war. Der erste Erfolg war die Freude der Kinder, von einer Sprache in die andere wechseln zu können. Wie bei allen Schulfibeln waren die Textinhalte Tages- und Jahreszeiten, Familie, Fest und Feier, Umwelt. Die Fibel war nicht nur für das 1. Schuljahr gedacht, sondern war der Ausgangstext für vier Schuljahre, von Jahr zu Jahr mit erweitertem Wortschatz und langsamer Einführung in die Schrift. Unermüdlich standen mir mein elsässischer Freund André Baumgartner und dessen Frau (beide Professoren am Lycee Turenne in Freiburg) bei der Textgestaltung zur Seite. Die neue Fibel entstand über das Vervielfältigungsgerät im Sekretariat der Schule. Ungezählte Wanderungen mit André in den Vogesen und im Schwarzwald waren ausgefüllt mit der Planung weiterer Schritte. André war auch noch Dozent für Französisch an der Volkshochschule Freiburg.

Ein weiterer Schritt war, dass wir einen Französischkurs für Eltern, den auch unsere Lehrer besuchten, in dem Stadtteil einrichteten. Bald darauf wurden auch Musikkurse angeboten. André, Mitglied im Schwarzwaldverein Hohbühl, der damals schon eine Partnerschaft mit dem CBL Belfort hatte, lockte auch zahlreiche Wanderfreunde in diesen Kurs. Das Ziel war, den Eltern die französischen Texte der Kinder zu vermitteln. Damit bestand zwischen Eltern und Schule eine funktionierende Lernbrücke. Von diesen Eltern, die inzwischen schon Großeltern sind, besteht heute noch eine Gruppe. Parallel zu unserem Versuch, bemühte sich der elsässische Schulinspektor Holderith mit seinem Lehrbuch „Guten Tag Rolf“ im Elsass und in den französischen Schulen der Besatzungszone, den Deutschunterricht anzukurbeln. Mit den Deutschlehrern dieser Schulen fanden wir bald guten Kontakt.

Meine Schule schloss eine Partnerschaft mit der Ecole centre ville . Die Schüler dieser Schule besuchten uns alle zwei Wochen und wir fuhren zu ihnen in die Stadt. Diese Besuche wurden von den Lehrern vorher geplant und beinhalteten einen sprachlichen und einen musischen Teil. Sprachlich war es eine spielerische Alltagssituation, musisch wurde gesungen, Sport und Spiele gemacht oder gebastelt. Beim Basteln verteilten wir absichtlich zu wenig Buntstifte oder Scheren, so dass die Kinder gezwungen waren, sich gegenseitig die Dinge zu erbitten. Unerwartet bekamen wir noch zwei Kindergärtnerinnen aus Bordeaux, so dass wir unsere Aktivitäten auch in die Vorschule ausweiten konnten.

Ähnliche Kontakte wie zu Centre ville hatte ich nach Colmar. Dort hatte ich Freundschaft mit dem Direktor der Schule J.J. Walz, Fritz Hunzinger, dem Direktor der Ecole Pasteur, Maurice Olery. Letzterer war wie ich bei den Naturfreunden. Mit Gleichgesinnten gründeten wir die AN-Sektion Val d’Orbey. Wir bauten die alte Schule am Lac Noir zum Chalet aus und das Haus wurde bald zu unserem Schullandheim. Die Aufenthalte dort (im Ausland) waren allerdings nicht genehmigt. Einmal wurde mir deswegen von Stuttgart sogar eine Dienststrafe angedroht. Bei unseren Aufenthalten am Schwarzen See kam jedes Mal eine Klasse aus Colmar dazu (classe verte). Die Besuche dehnten sich bis zu unserer Schule nach Freiburg aus. Die elsässischen Lehrer hospitierten in Freiburg und wir in Colmar. Einer dieser Besuche war ein deutsch-französisches Sportfest. Höhepunkt war ein Länderspiel mit Schüler und Lehrermannschaften. Natürlich haben die Franzosen immer haushoch gewonnen. Groß war bei diesen Aktionen jeweils der Einsatz der Eltern.

Allmählich wurde Stuttgart auf unsere Aktivitäten aufmerksam. Von dort kam schließlich die Verfügung, dass der Schulversuch in die Zuständigkeit der Pädagogischen Hochschule verlegt wurde. Alles Gute kommt von Amerika!!! So hat der federführende Dozent unsere Arbeit auf die Seite geräumt und die Erkenntnisse aus Amerika: „spielend lernen, nicht lesen und schreiben, keine Leistung verlangen“ u. a. m. auf unsere Schule übertragen. So wurde plötzlich alles anders und „besser“. Der Französischunterricht, jetzt ein Fachunterricht mit Fachlehrern, den wir in der Grundschule gar nicht wollten, wurde ein Experimentierfeld für Dozenten und Studenten. Die französischen Kollegen zogen sich zurück, und ich musste das Feld der Wissenschaft überlassen. Ja, hat man keinen Doktor- oder Professorentitel, gilt man halt noch wenig. Mein Ziel, das Französisch in der Hauptschule und den anderen weiterführenden Schulen fortzusetzen, konnte nicht realisiert werden. Die Schulbehörde hatte nicht den Mut, dies entlang der deutsch-französischen Grenze durchzusetzen. Englisch wurde die erste Fremdsprache. Dazu kam noch, dass das Französisch in den beiden ersten Schuljahren wegfiel und auf Wunsch der Eltern freiwillig wurde. Damit lief ein hoffnungsvoller Schulversuch mit Französisch als Unterrichtsprinzip ins Leere.

Da kam doch noch eine unerwartete Anerkennung. Mit Dekret vom 4. Februar 1982 ernannte mich der Ministre de l’Education Nationale zum „Chevalier dans l’Ordre des Palmes Academiques“. Diese Auszeichnung erhalten viele Franzosen, aber nur wenige Deutsche. Inzwischen ist das Französisch in der Grundschule mehrmals neu erfunden worden, sogar noch von der baden-württembergischen Kultusministerin. Alle Versuche laufen ins Leere, wenn nicht das persönliche Engagement dahinter steht und der bruchlose Fortgang bis in die letzte Klasse garantiert ist.

Friedbert ANDERNACH

Le début des cours de français à Fribourg

Les innovations se rapportent dans la plupart des cas, à une personne. Il doit y avoir quelqu'un qui y croit et qui fait avancer les choses. C'est ainsi que j'ai fait une affaire presque personnelle, en essayant d'introduire des cours de français dans les écoles de Fribourg.

Longtemps auparavant, en 1945, une disposition des troupes d'occupation françaises, ordonnait l'introduction de cours de français dans toutes les écoles de la zone d'occupation française. Ils ont été supprimés à la première occasion, par manque d'instituteurs.

Mon histoire commence avant la Première Guerre Mondiale et est une partie d'une histoire de famille Haut-Rhinoise.

En 1914, mon père, cuisinier de métier à Mulhouse, en Alsace, s'engage dans l'armée avec l'intention d'y rester 12 ans. Il est affecté à Colmar comme cuisinier au mess des officiers. En 1917, il est muté au front de l'Ouest, où il est blessé. Après la guerre les soldats sont renvoyés dans leurs foyers. De retour en Alsace, mon père n'était pas utile en tant que militaire de carrière. On le place devant le choix, soit de prendre la nationalité française, soit d'être expulsé. C'est ainsi qu'en 1919, il arrive à Fribourg, comme beaucoup d'autres Alsaciens expulsés comme lui. Ces Alsaciens mirent leurs économies en commun et créèrent la Société Alsacienne de construction. Cette société a construit des grands ensembles avec des logements pour leurs membres, ainsi les Alsaciens se retrouvèrent de nouveau entre eux.

Ma mère avait également du sang alsacien (Rhinau) dans les veines. Je suis né en 1926 dans l'une des colonies alsaciennes où mes parents exploitaient une épicerie. J'ai grandi avec le dialecte alémanique alsacien de mes parents et voisins. Ce dialecte s'est perdu dans nos cités, après la deuxième guerre mondiale par l'arrivée de nouveaux habitants venus d'ailleurs. Le «virus» alsacien m'est resté et ma famille m'appelle aujourd'hui encore «Wagges».

Dès 1947, le «Wagges» que sa façon de parler ne trahissait pas, osa de nouveau revenir en Alsace. Le «Vosgestrotter» trouva des amis partageant ses goûts. Entre temps, je suis devenu instituteur et j'entretenais des contacts avec des collègues alsaciens. J'ai dû franchir beaucoup de barrières. En fin de compte, mon entourage accepta facilement mon point de vue, que les Alsaciens n'étaient pas des Allemands (une erreur souvent entendue), mais des Français parlant un dialecte alémanique.

Le bilinguisme m'interpellait de plus en plus. Mon rêve : jeter un pont entre le pays de Bade et l'Alsace.

Le départ :

Lors de mes randonnées dans les Vosges, j'ai rencontré entre Gunsbach et Munster, le Docteur Albert Schweitzer. C'était une grande joie de faire un bout de chemin avec lui et de nous entretenir en dialecte alsacien. Au moment de son décès, le 4 septembre 1965, a été créé à l'ouest de Fribourg, le Quartier «Landwasser», j'ai adressé une requête au Maire de Fribourg, lui proposant de donner le nom d'Albert Schweitzer à la nouvelle école. Un an plus tard j'étais nommé directeur de cette école.

Le Président et le Directeur de l'Inspection d'Académie, tous deux bons musiciens, voulaient créer à l'école Albert Schweitzer un pôle de loisirs (musique, art, sport). Je suis moi-même venu à Fribourg pour les cours de musique à l'école. Les instituteurs étaient choisis selon ces critères. En outre, j'ai obtenu que des cours de français soient dispensés à partir de la 1ère année. Cependant, ils eurent lieu sans en avoir informé le Ministère de la Culture.

1968 :

Cette expérience scolaire fut largement mise en application. Par la suite, quelques instituteurs ayant des connaissances en français, ainsi que des musiciens furent affectés à l'école. L'apprentissage de la lecture se fit de telle façon qu'il pouvait également servir de base pour les phrases en français. Le premier succès résidait dans la joie des enfants de passer d'une langue à l'autre. Les textes choisis se rapportaient aux saisons, à la famille, aux fêtes, à l'environnement. André Baumgartner et son épouse, tous deux professeurs au Lycée Turenne à Fribourg, m'assistaient et m'aidaient infatigablement pour la préparation des textes. De nombreuses randonnées avec André dans les Vosges et la Forêt Noire, étaient consacrées à planifier la suite des programmes. André était également Maître de conférence en français à l'Université Populaire de Fribourg. Une autre initiative : la création d'un cours de français pour les parents, auquel assistaient également nos instituteurs. Peu de temps après, des cours de musique furent également proposés. André, membre de l'Association Hohbühl, attirait beaucoup de randonneurs dans ce cours, le but étant de transmettre aux parents les textes français de leurs enfants. C'est ainsi que s'établit un pont entre les parents et l'école. De ces parents, aujourd'hui grands-parents, il existe encore un groupe.

Parallèlement à nos essais, l'Inspecteur d'Académie alsacien Holderith, s'efforça d'introduire des cours d'allemand en Alsace et dans les écoles françaises de Fribourg, par son livre : «Guten Tag Rolf». Nous avions bientôt un très bon contact avec les professeurs d'allemand de ces écoles. Mon école signa un partenariat avec l'école centre ville. Les élèves de cette école nous rendaient visite tous les 15 jours et nous nous rendions chez eux. Ces rencontres étaient planifiées par les instituteurs et comportaient une partie conversation, qui portait de façon ludique sur la vie quotidienne, le chant, les sports, des jeux et du bricolage. Pour cette dernière activité, nous ne distribuions que peu de crayons de couleur et de ciseaux, afin d'obliger les élèves à les emprunter mutuellement. Deux institutrices d'école maternelle venant de Bordeaux, étaient affectées à Fribourg, ce qui nous permit d'étendre également nos activités à l'école maternelle. J'entretenais aussi des relations avec le directeur de l'Ecole J.J. Walz, Fritz Hunzinger de Colmar, ainsi qu'avec le directeur de l'Ecole Pasteur, Maurice Olery. Comme moi-même, il était membre des «Amis de la Nature» et nous avons créé avec d'autres amis, l'AN - Section Val d'Orbey. Nous avons aménagé la vieille école du Lac Noir en chalet, qui est devenu bientôt notre école de campagne.

Cependant les séjours dans cette maison étaient illégaux et une amende m'a été infligée par Stuttgart. Lors de chacun de nos séjours au Lac Noir, une «classe verte» de Colmar se joignait à nous. Ces visites s'étendaient jusqu'à notre école à Fribourg. Les instituteurs alsaciens donnaient des cours à Fribourg et nous-mêmes à Colmar. L'une de ces visites était consacrée à une fête sportive franco-allemande. Le point d'orgue fut un match entre une équipe d'élèves et une équipe d'instituteurs. Dans ces actions la participation des parents était très grande.

Petit à petit Stuttgart devint attentif à nos activités. D'après un décret, ces essais scolaires devaient relever de l'Ecole Supérieure Pédagogique. Comme «tout ce qui est bon nous vient d'Amérique» l'Inspecteur d'Académie a rangé notre travail et s'est rallié aux méthodes américaines : apprendre en s'amusant, qu'il a introduite dans nos écoles. Ainsi, tout est devenu différent et «mieux». Les cours de français étaient enseignés par des professeurs, ce que nous ne voulions pas dans les écoles primaires. Ces cours devinrent un champ expérimental pour les maîtres de conférence et pour les élèves. Les collègues français se retirèrent et moi-même j'ai dû céder la place à la science. Bien sûr lorsqu'on n'a aucun titre universitaire, on est peu de chose. Mon but de poursuivre l'enseignement du français dans les écoles n'a pas été atteint. Les autorités académiques n'avaient pas le courage de l'imposer le long de la frontière franco-allemande. L'anglais est devenu la première langue étrangère. A cela s'ajouta la disparition du français dans les deux premières années scolaires. Il est devenu facultatif et n'était enseigné que sur demande des parents. C'est ainsi qu'un essai plein d'espoir échoua !

Cependant par décret du 4 février 1982, le Ministre de l'Education nationale me nomma, reconnaissance inattendue, Chevalier dans l'ordre des Palmes Académiques. Cette décoration est attribuée à beaucoup de Français mais à très peu d'Allemands. Entre temps, l'introduction du français dans les écoles primaires a été «réinventée» à plusieurs reprises, également par le Ministre de l'Education Nationale du Bade-Wurtemberg. Tous les essais échoueront s'il n'y a pas un engagement personnel et si la continuité n'est pas garantie jusqu'à la dernière classe.

Docteur Albert Schweitzer,
Prix Nobel de la Paix 1952

Scout toujours... prêt !

En août 1947, j'étais au Jamborée international au nord de Paris, en tant qu'éclaireur ancien de service. En quoi consistait ce poste ? Il s'agissait de s'occuper de la salubrité de cet immense camp, en tant qu'éclaireur ancien de service, que les jeunes éclaireurs ne pouvaient pas accomplir. Notre chef m'avait donné comme consigne, ainsi qu'à un autre éclaireur, d'assurer la propreté des toilettes. Nous étions équipés pour cela d'un puissant jet d'eau, muni d'un robinet.

Les toilettes se composaient d'un grand baraquement en longueur, des cloisons et des portes ; à l'intérieur deux planches horizontales séparées par un trou, dont vous devinez l'usage. La troisième paroi, celle du fond n'allait pas jusqu'au sol, ce qui fait, que depuis l'arrière, quand nous savions que le lieu était occupé, nous pouvions arroser la planche du bas et par un phénomène de ricochet d'arroser le fondement de l'utilisateur.

Hurlements de l'arrosé (en toutes les langues vue l'internationalisation du Jamboree) et à notre grande joie et satisfaction !!

Mais notre grand sport était l'échange d'insignes. Je me rappelle d'avoir échangé le mien contre un couteau scout, que je possède encore aujourd'hui.

Francis BLOCH

Pfadfinder, immer........ bereit !

Im August 1947, hatte ich, als ältester Pfadfinder, Dienst am internationalen Pfadfindertreffen im Norden von Paris.

Um was handelte es sich ? Ich hatte für die Hygiene und Sauberkeit dieses riesigen Zeltlagers zu sorgen, eine Arbeit die die jungen Pfadfinder nicht erledigen konnten.

Mit einem anderen Pfadfinder, hatten wir die Aufgabe, die Aborte zu reinigen. Dazu benutzten wir einen kräftigen Wasserstrahl aus einer Lanze die mit einem Wasserhahn versehen war

Die Toiletten waren in einer langen Holzbaracke, die in mehrere Zellen mit Aborten eingeteilt war. Diese Aborte hatten 3 Wände aus Holz mit einem Querbrett indem sich in der Mitte ein Loch befand. Sie wissen ja zu welchem Zweck.

Die dritte Wand ging nicht bis zum Boden und als wir wussten, dass die Toilette besetzt war, kam uns die Idee das untere Brett zu bespritzen, so dass durch ein Aufprallphänomen das Hinterteil des Benutzers der Toilette benetzt wurde.

Schreie der Benetzten gab es in allen Sprachen (da es sich um ein internationales Treffen handelte) zu unserer grössten Freude und Genugtuung.

Aber unser grosser Sport bestand darin unsere Abzeichen zu tauschen. Ich erinnere mich, dass ich meines gegen ein Pfadfindermesser getauscht habe, das ich heute noch besitze.

Notzeit, Hungern und Frieren

Im Januar 1947 trat ich als junger Lehrer meinen Dienst im Schwarzwalddorf St. Peter an.

Doch wie sollte ich dort hinkommen? In jener Nachkriegszeit fuhr noch kein Linienbus auf die Schwarzwaldhöhen. Zum Glück nahm mich der Holzvergaser-Milchtransporter mit. Es war nicht leicht, eine Unterkunft und eine Gaststätte für die täglichen Mahlzeiten zu finden. Zum Glück bekam der magere und immer hungrige Lehrer ab und zu bei einem Bauern ein Vesper. In manchen Dörfern mussten damals die ledigen Lehrerinnen und Lehrer das Mittagessen reihum bei den Bauern einnehmen. Man war für jedes Stück trockenen Brotes und eine Kartoffelsuppe dankbar.

Es mangelte mir aber auch sehr an Kleidung, da ich aus den Burschenkitteln und Hosen herausgewachsen war. Ein Paar Soldatenstiefel hatte ich für ein Büschel Tabak ergattert.

Zu meinem großen Glück erbarmte sich ein Bauer im Ibental, mir für fast wertloses Geld ein kleines Ferkel zu verkaufen. Der örtliche Schreiner bastelte mir ein Kistchen und der Bürgermeister erteilte mir eine Transportgenehmigung mit der ausdrücklichen Bitte an die eventuell kontrollierende Polizei, mich ungehindert und ohne Aufenthalt passieren zu lassen. (Dieses einmalige Dokument ist heute noch in meinem Besitz.)

Dann radelte ich mit meiner knurrenden Köstlichkeit zu Tal und mit dem Zug zu meiner Tante, die mir 500 selbstgefertigte Zigarren dafür eintauschte.

Ich wollte damit zu Verwandten ins Ruhrgebiet, um mir dort auf dem Schwarzmarkt Kleidung zu kaufen. Mir war bekannt, dass die Bergleute auf Kleiderkarten schon Kleidung kaufen konnten, was bei uns nicht möglich war. Doch musste ich für die Reise einen Interzonen-Reisepass beantragen, um überhaupt aus der französischen Besatzungszone hinaus zu kommen. An der amerikanischenglischen Zonengrenze in Lorch am Rhein wurden alle Reisenden durch Kofferkontrolle auf Schmuggelware überprüft. Um nicht eingesperrt zu werden, blieb mir nichts anderes übrig, als meinen Koffer schnell auf der dem Bahnsteig gegenüber liegenden Seite aus dem Fenster zu werfen. Doch schaffte ich es, ihn nach der Kontrolle, vor Weiterfahrt des Zuges, unbemerkt wieder an Bord zu holen.

Ich war überglücklich, dass ich am Ziel meiner Reise die „heiße Ware“ gegen eine Hose, eine Ami-Jacke und Schuhe eintauschen konnte. Beglückt fuhr ich heimwärts, denn nun hatte ich wieder etwas anzuziehen.

Otto SAMENFINK

Der Bürgermeister
der Gemeinde St. Peter
im Schwarzwald

St. Peter, den 14. August 1947

Betr. Schreiben – Verfügung

Transportgenehmigung!

Herrn Otto SAMENFINK, Lehrer in St. Peter wird hiermit bescheinigt, dass derselbe in der Gemeinde St. Peter ein Ferkel käuflich und rechtmässig erworben hat. Der Obengenannte ist somit berechtigt, ein Ferkel von St. Peter nach Goldscheuer zu transportieren. Die Behörden werden ersucht Herrn Samenfink ungehindert und ohne Aufenthalt passieren zu lassen.
Dieser Schein hat nur Gültigkeit in Verbindung mit einem amtlichen Lichbildausweis.

Das Bürgermeisteramt:
i. A.

Misère, faim et froid

En 1947, jeune instituteur, j'ai pris mes fonctions à St. Peter, en Forêt Noire.

Mais comment arriver à cet endroit ? En cette période d'après guerre, la Route des Crêtes de la Forêt Noire n'était encore desservie par aucune liaison. Heureusement, le transporteur de lait m'emmena jusque là.

Il n'était pas davantage facile de trouver un gîte et un restaurant pour les repas journaliers. Par chance, un paysan donnait de temps en temps un casse-croûte à ce maigre et toujours affamé instituteur. A cette époque, dans certains villages les institutrices et instituteurs devaient prendre leurs repas de midi chez les paysans. On était reconnaissant pour chaque morceau de pain et une soupe aux pommes de terre.

J'étais également pauvre en vêtements, car mes vestes et pantalons de garçon n'étaient plus à ma taille. J'ai pu obtenir contre une poignée de feuilles de tabac une paire de bottes militaires.

Par bonheur, un paysan de l'IBENTAL eut pitié de moi et me vendit à bas prix un cochon de lait. Le menuisier du village me confectionna une petite caisse et le maire m'accorda une autorisation de transport avec une demande appuyée à l'intention de la Police, en cas de contrôle, de me laisser passer sans problème et sans me retenir (ce document est aujourd'hui encore en ma possession). Je me suis alors rendu à bicyclette, avec ma ronchonnante délicatesse, chez ma tante, qui me l'échangea contre 500 cigares.

Je voulais alors me rendre dans ma famille habitant la Ruhr, afin de m'acheter des vêtements au marché noir. Je savais que les mineurs pouvaient s'acheter des habits avec leur carte de vêtement, ce qui n'était pas encore le cas chez nous. Mais pour me rendre dans la Ruhr, je devais solliciter un laissez-passer interzone, afin de pouvoir sortir de la zone française. Au check-point anglo-américain à Lorch sur le Rhin, tous les bagages des voyageurs étaient contrôlés, à la recherche de marchandise de contrebande. Afin de ne pas me faire arrêter, il ne me restait plus qu'à jeter ma valise par une fenêtre de l'autre côté du quai. J'ai pu la récupérer après le contrôle avant de poursuivre ma route.

J'étais plus qu'heureux d'arriver à bon port et d'échanger ma «chaude marchandise» contre un pantalon, un blouson et des chaussures.

Sur le chemin du retour, j'étais le plus heureux des hommes, j'avais à nouveau de quoi me vêtir.

Jamborée 1947
«Toujours plus haut»

A la fin de la guerre, en 1945, nous avons tous pu reprendre une vie à peu près normale.

Pour nous les adolescents, c'était l'envol vers une époque nouvelle, de liberté et de découvertes. En dehors des études, nous avons eu la joie de découvrir le scoutisme.

Cette organisation fondée par Baden Powell en 1908, est un mouvement qui regroupe de nombreuses associations, laïques ou confessionnelles, partageant les mêmes principes fondamentaux en vue de la formation morale, physique, pratique, civique des enfants et des adolescents. Je faisais partie de la 1ère Mulhouse (Paroisse St. Barthélémy).

Nous avons fait connaissance de notre cheftaine Denise, qui était une personne sympathique.

Nous étions réparties en équipes, chacune d'elles avait un nom et une devise. La nôtre «Les Gazelles» avait comme devise «Toujours plus haut». Nous avons eu des rencontres avec des scouts d'autres paroisses. C'était une période remarquable.

En mai 1945, les différents mouvements scouts de Mulhouse, ont eu l'honneur d'accueillir lady Baden Powell ; quel grand événement !

En 1947, quelle fut notre surprise d'apprendre que l'organisation du 1er Jamborée Mondial de la Paix a été confiée à la France. Un voyage a été organisé par un de nos aumôniers.

Le camp pour cette rencontre, qui rassemblait les scouts de toutes les régions de France et d'un grand nombre de pays, était installé dans la région au nord de Paris.

Nous voilà partis par un beau matin du mois d'août 1947, direction Paris. Quelle expédition ! Nous étions adorables dans nos uniformes, les rucks bien ficelés et la joie au cœur.

A notre arrivée à Paris, nous avons été chaleureusement accueillis et pris en charge pour le gîte et le couvert.

Après une bonne nuit de sommeil, un petit déjeuner copieux, fin prêtes nous avons mis le cap pour la visite du camp du Jamborée. C'était superbe, formidable de découvrir une installation fantastique, une véritable ville. Quelle ne fut pas notre surprise, en voyant pour la première fois des garçons en jupe (kilt), c'était des Ecossais.

Ma cousine et moi-même avons essayé, en vain, avec nos connaissances en anglais, d'acquérir une de ces jupes. Rien à faire... Est-ce pour cela que j'ai gardé un faible pour le tissu «scotish look»?

A l'occasion de ce Jamborée Mondial, un timbre spécial a été émis.

Après cette journée si enrichissante, nous sommes revenues à Paris où nous avons été reçues par un grand magasin parisien, qui nous a offert un goûter apprécié par tous.

Encore un dernier clin d'œil à la Tour Eiffel et nous voilà sur le chemin du retour. Nous garderons un souvenir inoubliable de ce voyage, de ces rencontres et de ce Jamborée 1947

Depuis cette période plusieurs jamborées ont été organisés par d'autres pays et en 2006, il a eu lieu dans la région parisienne. En 2007, on fête le centenaire du scoutisme.

Alice GEORGER

Pfadfindertreffen 1947

Nach dem Krieg 1945, konnten wir wieder ein fast normales Leben führen. Für uns Jugendliche war es ein neuer Start in eine neue Epoche der Freiheit und des Entdeckens

Ausser unseren Studien, hatten wir das Glück, unter anderen Aktivitäten, die Pfadfinderbewegung kennen zu lernen.

Diese Organisation, 1908 von Baden Powell gegründet, die viele weltliche und konfessionelle Vereinigungen gruppiert, die dieselben grundlegenden Prinzipien teilen, bezuglich einer moralischen, physischen, praktischen und bürgerlichen Bildung der Kinder und Jungendlichen.

Ich gehörte zu den Pfadpfinderinnen der Pfarrgemeinde St. Barthélémy in Mulhouse.

Wir trafen uns jeden Donnerstag im Cercle Catholique, wo uns ein Lokal zur Verfügung stand. Unsere «Cheftaine» Denise, war eine ausserordentliche Person. Sie erklärte uns den Zweck unserer Bewegung. Wir waren in Gruppen eingeteilt, die Unsere nannte sich «Les gazelles» (die Gazellen») und unser Motto war «immer höher».

Im Mai 1945 hatten die verschiedenen Pfadfindergruppen von Mulhouse, die Ehre, Lady Baden Powell zu empfangen. Welch ein Ereignis !

1947 erfuhren wir mit Überraschung, dass Frankreich beauftragt wurde, den Welt-friedensjamboree zu organisieren. Eine Jamboree ist ein internationales Zusammentreffen der Pfadfinder.

Einer unserer Seelsorger organisierte eine Reise nach Paris, wo das Treffen stattfand.

Das Zeltlager für diese grosse Veranstaltung, die Pfadfinder aus allen Regionen Frankreichs und aus zahlreichen anderen Ländern versammelte, war im Norden von Paris aufgestellt.

Als wir in Paris ankamen, wurden wir herzlich empfangen und verpflegt. Nach einer erholsamen Nacht, bekamen wir ein reichhaltiges Frühstück, danach fuhren wir zu dem Zeltlager. Es war eine phantastische schöne Einrichtung, eine richtige Stadt, und was noch ungewöhnlicher war, in dieser Nachkriegszeit, war das Zusammentreffen Jugendlicher aus vielen Ländern : Australier, Kanadier, Engländer, Amerikaner, usw. Wir bemerkten besonders die schottischen Pfadfinder mit ihren Kilts und versuchten, zwar ohne Erfolg mit unseren Kenntnissen in englischer Sprache, solch ein Röckchen zu erwerben. Vielleicht habe ich deshalb eine Vorliebe für schottischen Stoff.

Eine Sonderbriefmarke wurde zum Anlass dieses Internationalen Treffens herausgegeben.

Nach diesem bereichernden Besuch im Lager, fuhren wir zurück nach Paris, wo wir von einem grossen Geschäftshaus empfangen wurden, das uns ein Vesperbrot stiftete, sehr geschätzt von uns allen.

Nach einem letzten Blick auf den Eifelturm, fuhren wir zurück nach Mulhouse. Wir haben von dieser Reise eine unvergessliche Erinnerung behalten und waren glücklich unsere Eltern wiederzusehen.

Seitdem wurden verschiedene Pfadfindertreffen in anderen Ländern organisiert. 2006 wieder in der Pariser Gegend. 2007 wird das 100 Jährige Bestehen der Pfadfinderbewegung gefeiert.

SCOUTISME FRANÇAIS
FEDERATION AGREEE PAR LE SECRETARIAT GENERAL DE LA JEUNESSE LE 24 JUILLET 1941

LES GUIDES DE FRANCE
ASSOCIATION FEMININE CATHOLIQUE

CARTE DE GUIDE
N° 80.853
WANTZ Alice

Secrétariat Général : 11, Place Bellecour
LYON

Nom : Wantz
Prénom : Alice
Née le : 12.5.30
à : Mulhouse
Profession :
Demeurant : 56 rue de l'Illberg

La Titulaire :

1947

La Commissaire de District.

Nom et Adresse de la Cheftaine :

CETTE CARTE N'EST VALABLE QUE MUNIE
— DU TIMBRE DE L'ANNEE EN COURS —

Ma première «Rolls»

C'était une modeste 4 CV, l'équivalent de la Volkswagen allemande après la guerre. Elle était encore loin d'avoir les perfectionnements que l'on connaît et exigés aujourd'hui. Le moteur étant situé à l'arrière, cette voiture avait une tendance à survirer dans les tournants, qu'il fallait prendre avec prudence, surtout quand la chaussée était un tant soit peu humide. Aussi pour pallier cet inconvénient, on mettait volontiers une ou deux briques dans le coffre situé à l'avant... Malgré cette précaution, il m'est arrivé l'une ou l'autre fois, de faire involontairement un demi-tour. Coffre et portes avant s'ouvrant par l'avant, il fallait prendre garde qu'ils ne se rabattent pas sur un passant, lors d'un coup de vent. Quant au dégivreur, il consistait en un mince fil de fer enroulé en tortillon de 30-35 cm de long, situé à mi-hauteur du pare-brise, en face du conducteur. Aussi l'hiver, il fallait attendre un bon moment avant d'obtenir le dégivrage indispensable, tout au moins en partie. A défaut d'une bonne vision sur les côtés, du moins arrivait-on à voir devant soi comme à travers un hublot de navire, ce qui n'était déjà pas si mal. Ne parlons pas des pieds. On avait l'impression de les avoir dans une glacière, tant on avait froid. On partait vraiment pour une expédition polaire ! Et l'été, pas question de climatisation, évidemment.

A part cela, la conduite de la 4 CV était agréable, à condition toutefois de ne pas vouloir forcer le moteur, notamment sur les autoroutes allemandes, car les françaises étaient encore rares en ces temps lointains. En effet, si on avait la mauvaise idée de rester à 80 km/heure et en 3ème, car il n'y avait encore que 3 vitesses à disposition, l'eau du réservoir se mettait soudain à bouillir et le réservoir à fumer comme les anciennes machines à vapeur. Certes, après un arrêt forcé, sous le regard apitoyé d'automobilistes chevronnés, on pouvait repartir, quitte à devoir stopper à nouveau, quelques dizaines de km plus loin.

Enfin pour mettre la première vitesse, au démarrage ou sur une pente raide, il fallait procéder, à ce qu'on appelait le double débrayage, ce qui n'était pas toujours évident.

En réalité, tout cela n'était qu'accessoire et ne m'a pas empêché d'aller en voyage de noces jusqu'en Norvège et de revendre cette mémorable 4 CV, avec plus de 120 000 km au compteur !

Docteur Maurice HERRENSCHMIDT

Mein erster «Rolls»

Es war ein bescheidener 4 CV, dem deutschen Volkswagen ähnlich, gleich nach Kriegsende. Weit entfernt von den Leistungen die man heute verlangt. Der Motor befand sich im Hinterteil des Wagens, der eine ärgerliche Neigung hatte, in den Kurven zu schleudern, so dass man sie mit Vorsicht anfahren musste besonders wenn die Strassen glatt waren. Um diese Unannehmlichkeit zu verhindern, legten wir einen oder zwei Backsteine in den Kofferraum der sich im Vorderteil des Wagens befand. Trotz dieser Vorsichtsmaßnahme, passierte es mir ab und zu eine unfreiwillige Wendung zu machen. Der Kofferraum und die Türen öffneten sich nach vorne, so musste man aufpassen, dass sie nicht auf einen Passanten auftrafen, besonders bei einem Windstoss. Der Enteiser bestand aus einem dünnen Draht, 30 bis 40 cm lang, der sich in der Mitte der Windschutzscheibe befand, direkt gegenüber dem Fahrer. Im Winter musste man einen langen Moment warten bis die Enteisung, zumindest teilweise fertig war. Mangels einer guten Seitensicht, sah man, vor sich, wie aus einer Schifslüke, und das war nicht so schlecht. Sprechen wir nicht von den Füssen, man hatte den Eindruck, sie in einem Kühlschrank zu haben, so kalt war es ! Man fuhr wirklich zu einer Polarexpedition ! Und im Sommer gab es natürlich keine Klimaanlage.

Ausser dieser Unanehmlichkeiten, war die Steuerung einer 4 CV angenehm, unter der Bedingung den Motor nicht zu überfordern, besonders auf den deutschen Autobahnen. Die französischen waren zu dieser Zeit noch eine Seltenheit. Hatte man die schlechte Idee im 3. Gang (damals gab es nur 3 Gänge) mit 80 km Stundengeschwindigkeit zu fahren, fing das Wasser zu kochen an, und der Wasserbehälter fing an zu dämpfen wie die früheren Dampfmaschinen. Nach einer aufgezwungenen Rast, konnte man unter den mitleidsvollen Blicken der erfahrenen Automobilisten, weiterfahren, auch wenn man einige zehn km weiter erneut anhalten musste. Um den 1. Gang einzuschalten, beim starten oder auf einem Abhang, musste man doppelt kuppeln, was nicht immer einfach war.

In Wirklichkeit, war das alles nebensächlich und hat mich nicht daran gehindert meine Hochzeitsreise nach Norwegen zu machen und diese denkwürdige 4 CV mit über 120 000 km zu verkaufen.

Souvenirs de jeunesse

Mon séjour en Allemagne en 1954

En 1954, j'ai pu effectuer un stage de deux mois dans une grande entreprise textile allemande située en Rhénanie entre Cologne et Düsseldorf. Le séjour était organisé par une association internationale d'échange d'étudiants.

Pour rejoindre cette région située à 500 km de Mulhouse, le voyage en train durait environ 10 heures. Au départ j'ai pris la liaison Mulhouse-Müllheim qui a été supprimée par la suite. A la frontière il fallait encore descendre du train, montrer le passeport et ouvrir les valises ! A Müllheim, j'ai pris un train «grandes lignes» en direction du nord de la Rhénanie. Les voitures étaient relativement confortables, mais les sièges étaient encore en bois.

La plus belle partie du trajet se situe entre Mayence et Coblence. La voie de chemin de fer longe le Rhin romantique entouré de collines abruptes couvertes de vignobles et de châteaux. Puis on passe à Bonn qui était la capitale politique de la République Fédérale Allemande. Peu après, on rejoint Cologne et sa gare centrale située à côté de la célèbre cathédrale. A Düsseldorf, j'ai pris un train de banlieue pour rejoindre Hilden, ville de 40 000 habitants, où devait s'effectuer mon stage.

J'étais logé gratuitement par l'entreprise dans une chambre d'un grand appartement de fonction, occupée par une famille de 5 enfants dont le père était architecte responsable des bâtiments de l'usine. J'ai été accueilli comme un ami de la famille ce qui a grandement facilité mon adaptation.

J'étais à l'usine tous les jours ouvrables en équipe du matin de 6 h à 14 h. Vers midi, je prenais une collation rapide à la cantine de l'entreprise. J'étais libre l'après midi pour me reposer ou pour découvrir la région. Vers 20 h je dînais dans une brasserie proche.

L'entreprise était un gros producteur de fibres artificielles cellulosiques fibranne et rayonne. Ces produits étaient filés, tissés, teints ou imprimés. Les articles finis étaient des tissus mode ou tissus pour doublure. L'entreprise, qui comptait plus de 2 000 salariés, n'existe plus de nos jours.

Je n'étais soumis à aucun travail de recherche et de production et touchais une indemnité qui me permettait de subvenir à mes besoins. J'ai passé à tous les stades de fabrication et j'ai pu parfaire l'enseignement théorique qui m'avait été dispensé en France. La pratique de la langue allemande était mon quotidien.

Les bâtiments des ateliers et l'outil de production étaient en grande partie récents. En ce début du miracle économique allemand, il n'y avait pas encore de main d'œuvre étrangère occupée dans l'usine. Par contre, 15 % du personnel étaient des réfugiés originaires de minorités allemandes résidant en Pologne ou en République Tchèque expulsés en 1945.

Les contacts avec mon entourage étaient facilités par ma bonne connaissance de la langue allemande. J'avais paraît-il un léger accent français ou suisse alémanique. Certaines personnes étaient surprises qu'un Français pouvait porter un patronyme à consonance allemande.

Un agent de maîtrise, né de parents allemands, qui habitait Thionville jusqu'en 1918 savait que les mulhousiens étaient des «Wackes» (petits vauriens) et que les autorités allemandes avaient beaucoup de mal à les germaniser.

Le responsable de l'atelier de teinture, qui m'avait appris à teindre des échantillons de tissus dans différentes nuances, avait été gravement blessé à la tête en 1943 sur le front russe. Très défiguré, et avec le seul œil qui lui restait, il arrivait à contrôler les nuances.

Le contremaître de l'atelier d'impression des tissus me racontait qu'il avait été formé dans son métier par un Mulhousien. Ce dernier avait un comportement coléreux lors de pannes mécaniques ou de défauts d'impression : il s'emportait vivement en proférant d'affreux jurons en alsacien...

Vers le 15 août, j'ai été invité à un grand rassemblement des stagiaires étrangers résidant en Rhénanie du Nord. Cette rencontre, d'une centaine de participants, avait lieu dans une salle de fête à Wuppertal, grande ville industrielle proche. Parmi tous ces étrangers, il y avait des Indiens, des Pakistanais, des Turcs, des Scandinaves, des Anglais et deux Français. Les journalistes avaient tout de suite repéré mon nom sur la liste des invités. Ils me demandaient d'adresser, après les discours de bienvenue, des remerciements aux organisateurs et de parler de l'amélioration des relations franco-allemandes. Je leur répondais que je ne faisais pas de politique. Après insistance de leur part, j'ai adressé, au nom de tous les invités, les remerciements pour la très bonne organisation de cette rencontre. Pour terminer, j'ai ajouté que nous espérons que les bonnes relations entamées entre la France et l'Allemagne se poursuivent. J'ai été fortement applaudi. Cinquante ans après on peut constater que ce souhait s'est réalisé au-delà des espérances.

Au cours de mes heures de loisir et grâce à l'aide de la famille qui m'hébergeait, j'ai visité les grandes villes de la région. Ce n'était pas des villes touristiques mais des villes industrielles encore fortement marquées par les bombardements au cours de la deuxième guerre mondiale. Les villes étaient en pleine mutation. A Essen, capitale de la Ruhr, on aménageait un grand parc sur d'anciens crassiers et sur des friches industrielles. La Villa Krupp était devenue un musée.

Je regagnais Mulhouse fin septembre 1954. Peu après, j'étais appelé au service militaire. Après six mois passés en région parisienne, j'ai dû partir en Algérie pour deux ans.

Mais ceci est une autre histoire...

Gérard GROSHEINTZ

Jungenderinnerungen an meinen Aufenthalt in Deutschland 1954

1954 konnte ich an einem Praktikum in einer grossen deutschen Textilfabrik, die sich zwischen Köln und Düsseldorf befand, teilnehmen.

Die Reise per Zug, um diese Region zu erreichen, dauerte ungefähr 10 Stunden. Zuerst nahm ich die Verbindung Mulhouse-Müllheim, die inzwischen eingestellt wurde. An der Grenze musste man aussteigen, seinen Pass vorzeigen und-den Koffer öffnen. In Müllheim benutzte ich einen Schnellzug, Richtung Norden ins Rheinland. Die Waggons waren verhältnismässig bequem, aber die Sitze waren noch aus Holz.

Der schönste Teil der Fahrt befindet sich zwischen Mainz und Köln. Die Einsenbahnlinie führt längs des romantischen Rheines, der von steilen Weinbergen und Schlössern umgeben ist. Kurz danach erreichten wir Köln und seinen Hauptbahnhof, der sich neben dem berühmten Dom befindet. In Düsseldorf bin ich umgestiegen um Hilden, eine Stadt von 40 000 Einwohnern, zu erreichen. Dort befand sich die Textilfabrik.

Der Betrieb stellte mir ein Zimmer unentgeltlich zur Verfügung, in einer grossen Dienstwohnung, die von einer Familie mit 5 Kindern bewohnt war. Der Vater war Architekt. Ich wurde wie ein Freund in die Familie aufgenommen, was die Anpassung sehr erleichterte.

Ich war jeden Wochentag von 6 bis 14 Uhr in der Fabrik. Gegen 12 Uhr nahm ich einen schnellen Imbiss im Betriebsrestaurant ein. Nachmittags war ich frei, um mich auszuruhen oder die Gegend zu entdecken. Gegen 20 Uhr habe ich in einem nahegelegenen Restaurant zu Abend gegessen.

In der Fabrik wurden Kunstfasern in großem Stil hergestellt. Die Produkte wurden gewebt, gefärbt und gedruckt. Die fertigen Artikel waren moderne Stoffe.

Der Betrieb, der damals 2 000 Menschen beschäftigte, existiert heute nicht mehr. Ich war keiner Forschung oder Produktionsarbeit unterworfen, und bezog eine Zulage, die mir erlaubte für das Notwendige aufzukommen. Ich ging durch jede Stufe der Fabrikation und konnte meine theoretische Ausbildung, die ich in Frankreich bekommen hatte, ergänzen. Die deutsche Sprache war für mich alltäglich.

Die Gebäude und Maschinen waren für die meisten neu. Anfangs des deutschen Wirtschaftswunders, gab es noch keine ausländischen Arbeitskräfte. Aber 15 % des Personals waren Flüchtlinge und stammten aus den deutschen Minoritäten Polens oder der Tschechischen Republik, die 1945 ausgewiesen wurden.

Meine Kontakte mit meiner Umgebung waren durch meine gute Beherrschung der deutschen Sprache, erleichtert. Ich hatte, so sagte man, einen leichten französischen oder schweizer Akzent. Manche Personen waren erstaunt, dass ein Franzose einen Namen trägt der deutsch klang.

Ein Meister, von deutschen Eltern geboren, der bis 1918 in Thionville wohnte, wußte dass die Mülhauser «Wackes» sind, und dass die deutschen Autoritäten viel Mühe hatten sie zu germanisieren.

Der Verantwortliche der Färbewerkstatt, der mich gelehrt hat Stoffmuster zu färben, wurde 1943 an der Ostfront schwer verletzt. Obwohl er sehr entstellt war und nur ein Auge hatte, konnte er die Schattierungen kontrolieren.

Der Werkmeister des Stoffdruckateliers erzählte mir, dass er seinen Beruf von einem Mülhausener gelernt hatte. Dieser wurde jähzornig sobald mechanische Pannen oder Druckfehler auftraten, und fluchte abscheulich im elsässischem Dialekt.

Kurz vor dem 15. August wurde ich zu einer grossen Versammlung ausländischer Praktikanten, die im nördlichen Rheinland wohnten, eingeladen. Dieses Treffen von etwa hundert Teilnehmern, fand in einem Festsaal in Wuppertal statt, eine nahegelegene, grosse Industriestadt. Unter diesen Ausländern befanden sich Inder, Pakistaner,

Türken, Skandinavier, Engländer und zwei Franzosen. Die Journalisten hatten sofort meinen Namen auf der Gästeliste bemerkt. Sie forderten mich auf, nach den Begrüssungsreden, den Organisatoren zu danken und mich zu der Verbesserung der deutsch-französischen Beziehungen zu äussern. Ich antwortete, dass ich keine Politik treibe. Da sie mich drängten, sprach ich im Namen aller Gäste, meinen Dank aus, für die sehr gute Organisation dieses Treffens. Zum Schluss fügte ich hinzu, dass wir wünschten, dass die guten Beziehungen, die sich zwischen Frankreich und Deutschland angeknüpft hatten, fortgesetzt würden. Ich wurde sehr applaudiert. Fünfzig Jahre später kann man beobachten, dass sich der Wunsch erfüllt hat und unsere Hoffnungen weit überschritten sind.

Während meiner freien Stunden, und mit Hilfe der Familie die mich beherbergte, habe ich die grossen Städte der Region besichtigt. Es waren keine Touristenstädte, sondern Industriestädte, noch sehr geprägt von den Bombenanschlägen des zweiten Weltkrieges. Die Städte waren in voller Umwälzung. In Essen, Hauptstadt des Ruhrsgebietes, wurde ein grosser Park auf Schlackenhalden und brachliegenden Industriegeländen errichtet. Aus der Villa Krupp wurde ein Museum.

Ende September 1954, kehrte ich nach Mulhouse zurück. Kurz danach wurde ich zum Militär eingezogen. Nach 6 Monaten in der Pariser Umgebung, musste ich für 2 Jahre nach Algerien. Aber das ist eine andere Geschichte.

Le lièvre de Pâques

Comme Noël, Pâques était une grande fête familiale, qui se préparait quelques jours auparavant. Il fallait mériter les cadeaux que le «Lièvre de Pâques» allait apporter dimanche !

Cela commençait par «l'Osterputz» le vendredi saint. Ce matin là, il fallait se lever de bonne heure, papa démontait les lits, les tables de nuit, décrochait les tableaux, tout était descendu dans la cour pour le grand nettoyage de Pâques. Il fallait battre les matelas, les tapis, cirer le bois etc. pendant que maman nettoyait les chambres à fond, du sol au plafond. Au déjeuner, du poisson que je n'aimais pas : des merlans ou des harengs au vinaigre avec des pommes de terre, car le vendredi saint était une journée sans viande. Heureusement qu'il y avait «Le chemin de croix» à 15 h, auquel il fallait assister, pour me libérer des corvées. Pendant mon absence, les parents remettaient tout en place. Samedi matin, nous prenions le train pour Bernardswiller (Bas-Rhin), pour passer Pâques chez la grand-mère qui était veuve. Arrivés chez elle, le déjeuner nous attendait dans la «Stub» avec sa pièce maîtresse le «Kachelofa» en faïence verte. Dans les chambres à coucher, la pâte à nouilles étalée, posée sur des draps, séchait à plat sur les lits. En plus, dans le Bas-Rhin, on faisait du «Osterbrot» (du pain de Pâques), de petites miches plus proches de la brioche que du pain, et qu'on mangeait au petit déjeuner. Cela sentait bon dans toute la maison mais, «on n'y touche pas avant le matin de Pâques !»

L'après midi, au grenier, je préparais un nid avec du foin, pour accueillir le «Lièvre de Pâques». Dans la soirée, j'avais le droit de tourner la manivelle de la baratte, sous la surveillance de ma grand-mère qui tenait le récipient en verre à deux mains. Je tenais ça du miracle, de voir la matière grasse se séparer du babeurre et petit à petit se transformer en motte de beurre. Dimanche matin, à peine réveillé, je filais au grenier pour voir si le lièvre était passé. Dans le nid, des œufs durs, des bonbons, un petit lièvre en chocolat et quelques gâteaux. Tout heureux j'annonçais à la ronde que le «Lièvre de Pâques» était passé.

Autre coutume, le matin de Pâques je recevais un nouveau costume de dimanche, que je mettais la première fois pour aller à la messe. Les cloches, de retour de Rome (selon les dires de l'époque), annonçaient la résurrection du Christ et tout le village se retrouvait à la «grand-messe». Au déjeuner, les nouilles faites maison et lapin du clapier. Après le repas, on partait à pied à Obernai, distant d'environ 3 km, rendre visite à ma marraine, qui habitait une maison avec un grand jardin. A peine arrivé, elle me prenait par une main, et de l'autre un panier «viens ! On va voir si le lièvre de Pâques est également passé chez moi». Dans chaque fourré, au pied de chaque arbre, je trouvais soit un œuf dur, un œuf en chocolat ou de petits œufs en sucre, un «Lamala» et enfin, un lièvre en chocolat. «Le lièvre a dû être pressé pour perdre tout cela en cours de route !» Au retour de ma «course au trésor», on prenait le dessert en famille. Un biscuit au beurre, chose rare et chère, dans les premières années d'après guerre. Nous n'étions pas riches, c'est aussi pourquoi j'appréciais chaque instant de bonheur. Et, dans la soirée on reprenait à pied, le chemin du retour vers Bernardswiller, heureux de ces moments privilégiés qui ont bercé mon enfance.

Raymond WOOG

Der Osterhase
Jugenderinnerungen

Ostern war, ähnlich wie Weihnachten, ein grosses Familienfest, das einige Tage zuvor vorbereitet wurde. Wir mussten die Geschenke verdienen, die uns der Osterhase bringen würde.

Am Karfreitag fing es an mit dem «Osterputz». Wir mussten früh aufstehen. Papa zerlegte die Betten, hängte die Bilder ab, alles wurde für diesen grossen Osterputz in den Hof getragen. Die Matratzen und die Teppiche wurden geklopft, die Möbel gewachst, während Mama die Zimmer gründlich, vom Fussboden bis zur Decke, säuberte.

Zum Mittagessen gab es Fisch, den ich gar nicht mag : eingemachte Heringe oder Bratschellfische mit Kartoffeln, denn Karfreitag war ein Tag ohne Fleisch. Zum Glück fand um 15 Uhr der Kreuzweg statt, an dem wir teilnehmen mussten. So war ich von diesen lästigen Haushaltsarbeiten befreit. Während meiner Abwesenheit, stellten meine Eltern alle Gegenstände wieder an ihren Platz. Am Samstagmorgen, nahmen wir den Zug nach Bernardswiller, wo wir Ostern bei meiner Grossmutter, die Witwe war, verbrachten. Als wir dort ankamen, war das Mittagessen schon in der «Stube» bereit, wo der Hauptgegenstand der «Kachelofa» aus grüner Faïence stand. Im Schlafzimmer trocknete der Nudelteig auf weissen Leintüchern. Im Unterelsass wurde auch «Osterbrot» gebacken. Es waren kleine Brotlaibe die dem Kuchen ähnlicher waren als dem Brot. Es duftete im ganzen Haus aber vor dem Ostermorgen durften wir nichts davon essen.

Am Nachmittag ging ich auf den Speicher, um für den Osterhasen ein Nest aus Heu anzufertigen. Am Abend durfte ich die Kurbel des Butterglasses drehen, unter der Aufsicht meiner Grossmutter, die den Behälter festhielt. Ich empfand es wie ein Wunder als ich sah wie sich die Fettmenge von der Buttermilch löste und sich allmählich in Butter verwandelte.

Am Sonntagmorgen, kaum erwacht, ging ich auf den Speicher um zu sehen ob der Osterhase da gewesen war. Im Nest lagen gekochte Eier, Bonbons, ein Hase aus Schokolade und Gebäck. Glücklich erzählte ich der Familie, dass der Osterhase gekommen war.

Ein anderer Osterbrauch damals : am Ostersonntag bekam ich einen neuen Sonntagsanzug, das ich zum ersten Mal zum Gottesdienst trug.

Die Glocken, die nach dem damaligen Volksmund, von Rom zurück waren, verkündigten Christus Auferstehung, und das ganze Dorf versammelte sich zum Ostergottesdienst. Zum Mittagessen gab es hausgemachte Nudeln und Kaninchen. Nach dem Essen gingen wir zu Fuss nach dem 3 km entfernten Obernai, um meine Patin zu besuchen, die in einem Haus mit einem grossen Garten wohnte. Kaum angekommen nahm sie mich bei der Hand ; sie trug einen Korb. «Komm, wir wollen sehen ob der Osterhase auch hier vorbei kam.» In jedem Gebüsch, unter jedem Baum, fand ich ein bemaltes Ei, kleine Eier aus Zucker, ein «Lamala» und endlich ein grosses Ei und einen Hasen aus Schokolade. Der Osterhase hatte es bestimmt sehr eilig um all diese Sachen zu verlieren. Zurück von meinem «Schätzesuchen» nahmen wir zusammen den Nachtisch ein. Ein Butterbiskuit, damals, in der Nachkriegszeit, eine teure und seltene Kostbarkeit. Wir waren nicht reich, darum genoss ich jede Stunde des Glücks. Abends gingen wir zu Fuss nach Bernardswiller zurück, glücklich über diese bevorzugten Momente meiner Kindheit.

Mein erster Kontakt mit Frankreich und den Franzosen

Es war im Frühjahr des Jahres 1958. Ich war damals Angehöriger der deutschen Bundesmarine und in List auf Sylt stationiert. Eines Tages wurde in einem Rundschreiben mitgeteilt, dass die Bundeswehr beabsichtigte, im Sommer des Jahres eine Soldatenwallfahrt nach Lourdes durchzuführen.

Dieses Angebot kam für mich wie gerufen. Ich meldete mich sofort.

Der Termin für die 8-tägige Reise nach Südfrankreich war die erste Juniwoche 1958. Die Fahrt begann am Standort der Marine in List auf Sylt mit der Inselbahn – auch „Feuriger Elias" genannt -, weil der Zug ein umgebauter Borgwardomnibus war. In Westerland, dem Hauptort der Insel Sylt, musste ich dann auf die Bundesbahn umsteigen und von dort bis Hamburg fahren.

Inzwischen war ich 6 Stunden unterwegs. Der Zug von dort fuhr dann 4 Stunden später, kurz vor Mitternacht, in Richtung Freiburg im Breisgau. Dort angekommen am anderen Tag, kurz vor Mittag, war ein Stadtbummel zu den Sehenswürdigkeiten der Stadt angesagt, in erster Linie das „Freiburger Münster".

Im Laufe des Tages trafen dann in der Stadt aus allen Himmelsrichtungen Angehörige der Bundeswehr ein. Soldaten der Luftwaffe aus dem Rheinland, Gebirgsjäger aus Oberbayern und wieder andere von Standorten, an denen Pioniere und Heeresflieger stationiert waren, also insgesamt etwa 600 Soldaten und dazu eine größere Anzahl katholischer Priester und Würdenträger.

Der Befehl für alle lautete: Abfahrt Hauptbahnhof Freiburg mit einem Sonderzug über Offenburg, Straßburg, Bourges.

Dort trafen wir am anderen Tag in den Morgenstunden gegen 6.30 Uhr ein. Vom Bahnhof, wo der Sonderzug stehen blieb, marschierten alle Soldaten mit den Wallfahrtsteilnehmern geschlossen zum Gottesdienst in die dortige Kathedrale. Nach dem Kirchenbesuch gab es dann das in einer Feldküche zubereitete, langersehnte Frühstück.

Von Bourges ging es dann weiter mit dem Sonderzug über Bordeaux bis Lourdes, wo wir am Abend gegen 18.00 Uhr eintrafen. Auf der Fahrt zwischen Bourges und Bordeaux wurden die Wallfahrer im Zug mit einem üppigen französischen Mittagessen verwöhnt. Das ganze dauerte fast 3 Stunden. Dies war verständlich, schließlich war es nicht einfach, mehr als 600 Menschen im Zug zu verpflegen.

Die Landschaften und Gegenden, durch die der Sonderzug fuhr, waren voller Abwechslungen und Sehenswürdigkeiten. Teilweise wurden wir über Lautsprecher in den Wagons auf bestimmte Besonderheiten hingewiesen, so dass es nicht nur bei den reinen optischen Wahrnehmungen blieb.

In Lourdes angekommen, ging es mit Sack und Pack, bei einer Temperatur von fast 30 Grad Celsius, zu einem außerhalb der Stadt gelegenen Hügel, auf dem eine regelrechte Zeltstadt aufgebaut war.

Dort wurden dann immer 40 Mann in ein Zelt einquartiert. Am Ende war die Zeltstadt von fast 15 000 Soldaten aus fast allen Nato-Mitgliedstaaten bewohnt, also ein buntes Gemisch von Menschen und Uniformen.

Nur die Angehörigen der US-amerikanischen Armee schliefen in Hotels der Stadt Lourdes und Umgebung.

Die Begrüßung der einzelnen Militärdelegationen erfolgte am nächsten Tag durch Herrn Marschall Juin, den Beauftragten der französischen Armee.

An den folgenden Tagen standen dann natürlich die Besuche der Basilika in Lourdes und die Grotte der heiligen Maria im Vordergrund des Tagesablaufes, doch es blieb auch Zeit, die Stadt Lourdes selbst kennen zu lernen. Dabei erlebte ich eine Anekdote, die mir bis zum heutigen Tage unvergesslich bleibt.

Anlässlich eines Stadtbummels in Lourdes ging ich mit einigen anderen Soldaten der deutschen Bundeswehr hinter einer Gruppe französischer Marinesoldaten. Dabei unterhielten wir uns unter anderem auch über die Uniformen der Angehörigen anderer Nato-Staaten.

Einer aus unserer Reihe meinte dann, dass ihm die Uniform der deutschen Marine besser gefalle als die der französischen Marine. Im selben Moment drehte sich ein Marinesoldat der vor uns gehenden Gruppe französischer Marinesoldaten um und sagte in guter deutscher Sprache : „Eure Uniform gefällt uns Franzosen auch nicht besonders"!

Wir waren alle erstaunt, dass ein französischer Marinesoldat so gut deutsch sprach und haben uns dann doch etwas geschämt, dass wir solche Gedanken hatten und auch noch laut äußerten.

Doch auf diese Art und Weise kam es zu interessanten Gesprächen zwischen den französischen und deutschen Marinesoldaten. Dabei stellte sich heraus, dass einige der französischen Marinesoldaten aus dem Elsass stammten und deshalb die deutsche Sprache so gut verstanden und sprachen.

Hierbei erfuhren wir auch, warum uns einige französische Mädchen an den Mützenbändern zogen. Sie wollten herausfinden, ob auf unseren Marinemützen auch ein roter Pompon aufgenäht war. Nach der Aussage der französischen Marinesoldaten war es Brauch, diesen Pompon anzufassen, um von dem Soldaten geküsst zu werden.

Wir setzten dann unseren Stadtbummel gemeinsam fort und ließen uns in einer Gartenwirtschaft ein typisch französisches Mittagessen servieren, wobei wir Deutschen feststellten, dass es dort üblich war, zum Essen Rotwein und Wasser zu trinken, was für viele von uns fremd war.

Auf der Heimfahrt mit dem Sonderzug ging es dann entlang der Mittelmeerküste über Marseille – Lyon – Mulhouse – Offenburg.

Dort trennten sich die Wege der einzelnen Teilnehmergruppen wieder.

Es waren schöne, erfahrungsreiche und eindrucksvolle Tage, die ich 1958 bei der ersten Soldatenwallfahrt nach Lourdes erlebte, und ich möchte diese 8 Tage nicht missen.

Erwin MÜLLER

Mon premier contact avec la France et les Français

C'était au printemps de l'année 1958. Je faisais partie de la Marine allemande stationnée à LIST sur l'Ile de Sylt. Un communiqué dans une circulaire, nous informait que l'armée avait l'intention d'organiser en été, un pèlerinage militaire à Lourdes. Cette proposition tombait à point et je m'inscrivais immédiatement.

Ce voyage de huit jours en France était programmé au début du mois de juin 1958.

Nous sommes partis de List par le train de l'Ile dénommé «Feuriger Elias». A Westerland, ville principale de l'île de Sylt, nous avons pris la correspondance de la Deutsche Bundesbahn à destination de Hambourg, dont le trajet dura six heures. Vers minuit, nous quittions Hambourg pour Fribourg en Brisgau, où nous sommes arrivés vers midi. Une visite de la ville était prévue dont le point d'orgue était la cathédrale. Dans le courant de l'après-midi, nous ont rejoint d'autres militaires venus de toute l'Allemagne. Des aviateurs, des chasseurs alpins de Haute Bavière et des représentants d'autres unités pour un total d'environ 600 militaires parmi lesquels une importante délégation d'aumoniers catholiques.

En gare de Fribourg nous nous installions dans le train spécial qui nous amenait à Bourges via Offenbourg et Strasbourg. Arrivée en gare de Bourges vers 6 h 30, nous nous rendions à pieds à la cathédrale où d'autres pélerins nous ont rejoints pour assister à l'office religieux. Après la messe, fut servi le petit déjeuner préparé par nos cuisiniers dans une cuisine roulante.

De Bourges, notre voyage continua via Bordeaux jusqu'à Lourdes où nous sommes arrivés le soir vers 18 h 00.

Pendant le voyage, entre Bourges et Bordeaux, on nous a gâtés par un copieux déjeuner à la française qui a duré

3 heures, ce qui était compréhensible, il fallait servir plus de 600 personnes dans un train.

Les paysages et régions traversés étaient variés et riches en curiosités. Les haut-parleurs nous indiquaient en partie, quelques particularités, ce qui nous permettait de n'avoir pas uniquement une perception optique.

Arrivés à Lourdes, par une température de près de 30°, nous nous sommes dirigés vers une colline, en dehors de la ville, où était installée une véritable ville de tentes. Nous étions 40 par tente. Nous étions presque 15 000 soldats venus de tous les pays membres de l'OTAN, c'est-à-dire un mélange multicolore d'hommes et d'uniformes, seuls les membres de l'Armée américaine étaient logés dans les hôtels de Lourdes et alentours.

L'accueil des délégations militaires se fit le lendemain par M. le Maréchal Juin, responsable de l'Armée française.

Les jours suivants, l'ordre du jour était naturellement en priorité, la visite de la basilique et de la grotte de la Vierge Marie, mais il restait du temps pour découvrir nous-mêmes la ville de Lourdes. Une anecdote est restée jusqu'à aujourd'hui inoubliable. Lors d'une promenade en ville, je marchais avec d'autres soldats allemands derrière un groupe de marins français. Nous discutions sur les uniformes des autres militaires des pays membre de l'OTAN. L'un d'entre nous dit alors que les uniformes de la marine allemande lui plaisaient mieux que ceux de la marine française. A ce moment là, l'un des marins français se retourna et dit en bon allemand «votre uniforme ne nous plaît pas d'avantage». Nous étions surpris qu'un marin français parle aussi bien l'allemand et nous étions un peu honteux d'avoir exprimé de tels propos à haute voix. Mais, par ce biais s'engagèrent d'intéressantes conversations entre les marins français et les Allemands, au cours desquelles il s'est avéré que quelques marins français étaient Alsaciens, d'où leur bonne connaissance de la langue allemande. Nous avons également appris pourquoi les jeunes filles françaises tiraient sur les rubans de notre coiffure.

Elles voulaient savoir s'il y avait également un pompon rouge sur notre béret. Les marins nous expliquèrent qu'il était de coutume de toucher le pompon rouge qui devait porter bonheur à la jeune fille, en retour le marin avait le droit de l'embrasser.

Nous avons continué ensemble notre visite de la ville et avons pris dans un restaurant un repas typiquement français, pendant lequel nous avons constaté qu'il était de coutume en France, de boire avec le repas du vin rouge et de l'eau, ce qui nous était inconnu pour la plupart d'entre nous.

Le voyage de retour en train spécial s'effectua en longeant une partie de la mer Méditerranée jusqu'à Marseille, puis Lyon, Mulhouse et Offenbourg. Là, les différents groupes se séparèrent pour continuer individuellement jusqu'à la base.

Lors de ce premier pélerinage militaire à Lourdes, en 1958, j'ai vécu de belles et enrichissantes journées que je n'aurais pas voulues manquer.

Plus jeune parachutiste de France !

Dans les années 55/56, j'assistais à un meeting aérien sur l'aérodrome de Colmar. Ce jour-là, je vis pour la première fois un homme quitter un avion en vol. J'étais fasciné par ce minuscule point noir qui tombait de plus en plus vite et que je ne quittais plus des yeux. Au bout d'une quinzaine de secondes, qui me paraissait une éternité, le parachute se déployait enfin. Une brise légère poussait la corolle blanche en ma direction, comme un signe du destin. Il se posait à quelques mètres de moi en un «roulé-boulé» et, je le vis se relever avec un large sourire aux lèvres. Il venait de faire naître en moi l'envie d'essayer. En m'approchant de lui, je lui demande «Comment faut-il faire pour faire un saut en parachute ?» «C'est simple, il faut avoir 18 ans, s'adresser à un para-club etc.»

J'étais trop jeune, et le seul para-club en Alsace était au «Polygone» à Strasbourg, l'affaire était réglée...

En automne 1959, je passe devant la caserne Rapp à Colmar où une affiche retient mon attention : «Devenez parachutiste prémilitaire ! Pour tous renseignements adressez-vous etc...» Timidement je poussais la porte de l'accueil. Un quart d'heure après, j'en ressortais avec un dossier d'inscription sous le bras.

Comme je ne travaillais pas les samedis après midi, j'étais au rendez-vous à 14 heures avec mon certificat médical et l'autorisation parentale dans la poche. La première étape était de réussir le Brevet de la préparation militaire élémentaire, après on pouvait s'inscrire à l'option N° 2 pour l'emploi de Parachutiste militaire. Un cycle de deux ans me paraissait trop long, aussi je me suis inscrit aux deux formations simultanément, c'est à dire : A la préparation militaire élémentaire le samedi après midi, et à la préparation de parachutiste le dimanche matin. Le sous-officier responsable de la formation parachutiste acceptait ma demande en me précisant : «Si tu échoues au Brevet élémentaire qui aura lieu fin avril, tu ne pourras pas faire le stage de sauts prévu en mai.» «OK, marché conclu !»

Le 24 avril 1960, j'obtiens mon Brevet de Préparation Militaire Elémentaire N° 15072.

Le stage de sauts est prévu en période bloquée du 10 au 16 mai 1960 à Strasbourg. Mais là nouveau hic ! Bien que j'aie l'autorisation parentale, il faut avoir 18 ans révolus au début du stage. Arrivé à Strasbourg au casernement, je remplis mon dossier d'état civil avec : né le 12.11.1942, un 11 mal écrit (II) qui passe pour un deux en chiffres romains et voilà comment je suis devenu le plus jeune parachutiste de France, ayant effectué mon baptême de l'air en «Nord 2501» et mon premier saut le 13 mai 1960 au «Polygone». J'ai obtenu le Brevet Prémilitaire de parachutiste N° 34193 le 15 mai 1960 à l'issue de mon quatrième saut. Je n'avais que 17 ans et demi, au lieu des 18 ans requis par la loi. Je venais de gagner un pari avec moi-même et mon rêve s'était concrétisé.

Raymond WOOG

Der Jüngste Fallschirmspringer Frankreichs

In den Jahren 1955/1956, habe ich zum ersten Mal, auf dem Colmarer Flugplatz, einem Meeting beigewohnt. An diesem Tag, sah ich auch zum ersten Mal einen Mann aus einem fliegenden Flugzeug springen. Dieser schwarze Punkt, der immer schneller herunter fiel, faszinierte mich. Nach 15 Sekunden, die mir eine Ewigkeit schienen, entfaltete sich der Fallschirm endlich, und der Fallschirmspringer landete rollend vor meinen Füssen. Er stand auf, ein breites Lächeln auf seinen Lippen. Darauf stieg in mir die Lust auf, es auch zu probieren. Ich ging zu ihm und fragte ihn «Was muss man tun um einen Fallschirmsprung zu machen ?» «Es ist leicht, man muss 18 Jahre alt sein und sich an einen Fallschirmklub wenden».

Ich war zu jung und der einzige Fallschirmspringerklub befand sich auf dem Polygone in Strasbourg. Es kam für mich nicht in Frage.

Im Herbst 1957, ging ich an der Rapp Kaserne in Colmar vorbei und sah ein Plakat das meine Aufmerksamkeit weckte : «werde Fallschirmjäger ! Auskunf bei... usw...» Scheu öffnete ich die Tür des Empfangsbüros und eine Viertelstunde später, hatte ich das Anmeldeformular unter dem Arm. Da ich Samstagnachmittags nicht arbeitete, war ich punkt 14 Uhr mit dem medizinischen Gutachten sowie der Elternerlaubnis zur Stelle. Die erste Bedingung war das vormilitärische Examen zu bestehen, dann konnte man sich für eine Stelle als militärischer Fallschirmjäger ausbilden lassen. Ein zweijähriger Zyklus schien mir zu lang, deshalb habe ich mich für die beide Ausbildungen gemeldet, z.B. zur vormilitärischen Ausbildung am Samstag Nachmittag und zur Ausbildung als Fallschirmjäger am Sonntag Morgen. Der verantwortliche Unteroffizier hat meinen Antrag angenommen mit den Worten : «Wenn du beim Examen, Ende April, durchfällst, kannst du im Mai beim Abspringen nicht dabei sein . Alles klar ? » Am 24 April 1960 habe ich das Examen bestanden, der Absprungkurs war vom 10. bis 16. Mai vorgesehen. Aber leider musste man 18 Jahre alt sein. So nutzte mir die Elternerlaubnis nicht viel. In der Straßburger Kaserne angekommen füllte ich einen Fragebogen aus : geboren am 12.11.1942. Ich habe die 11 in römischen Zahlen geschrieben (II) Man nahm diese römischen Zahlen für eine 2, so dass ich der jüngste Fallschirmjäger von Frankreich wurde. Mein erster Absprung fand am 13. Mai 1960 auf dem «Polygone» statt. Ich war erst 17 Jahre und 6 Monate alt. Ich hatte meine Wette mit mir selbst gewonnen und meinen Traum verwirklicht.

Zusammenarbeit zwischen den deutschen und den französischen Schulen

Anfang der 60-er Jahre wurde in Baden-Württembergs Schulen der Verkehrsunterricht für alle Schüler der 4. Klassen als Pflichtfach eingeführt. Die Schüler sollten in Theorie und Praxis die erforderlichen Fähigkeiten erlangen, als geprüfte Fahrradfahrer am öffentlichen Straßenverkehr teilzunehmen.

Die Beamten der deutschen Polizei machten Anfang der 70-er Jahre den französischen Schulen in Freiburg und Müllheim das Angebot, auch dort bei den Schülerinnen und Schülern der entsprechenden Altersstufen den Unterricht durchzuführen. Das Interesse wuchs. Der praxisnahe Unterricht fand in den Verkehrsschulen nach deutschem Vorbild statt.

Die deutschen Polizeibeamten besuchten die Kinder auch in ihren Schulklassen. Diese gegenseitigen Kontakte begrenzten sich nicht nur auf den grenznahen Bereich im Elsass. Viele französische Familien, aus ganz Frankreich, wohnten in Freiburg und Umgebung, so entstanden freundschaftliche Beziehungen. Auch mit der französischen Gendarmerie entstanden freundschaftliche Bekanntschaften, die gerne gepflegt wurden.

So wurde durch französische Schüler und deren Eltern ein Grundstein für ein gegenseitigen Verständnis gelegt.

Erwin MÜLLER

Collaboration entre les écoles allemandes et françaises

Au début des années 60, des cours du code de la route furent introduits dans les écoles du Bade-Würtemberg. Les élèves devaient acquérir en théorie et en pratique, en tant que cyclistes confirmés, la capacité de participer au trafic routier.

Les employés de la Police allemande proposèrent au début des années 1970 aux écoles françaises de Fribourg et Müllheim, de dispenser ces mêmes cours aux élèves des différentes classes d'âge.

L'intérêt grandit. Les cours pratiques du code de la route, eurent lieu dans les écoles suivant le modèle allemand. Les employés de Police se rendirent même dans les classes.

Ces contacts réciproques ne se limitèrent pas seulement à la proche région frontalière avec l'Alsace. Beaucoup de familles françaises venues de tout l'hexagone, résidaient à Fribourg et environs. Ainsi naquirent des relations d'amitié entre les familles et également avec la gendarmerie française.

C'est ainsi que, par des élèves et leurs parents fut posée la première pierre angulaire pour une compréhension réciproque.

Mon premier saut

Strasbourg Quartier Lecourbe 12 mai 1960.

Les derniers exercices de préparation au saut sont terminés, demain sera le grand jour ! Bien que couché très tôt, j'avais du mal à trouver le sommeil. Dans ma tête résonnaient encore les recommandations des instructeurs : «Attention à la porte de l'avion, regardez l'horizon et ne regardez pas en bas, éjectez-vous bien loin pour ne pas frôler la carlingue etc.» Finalement, épuisé physiquement par l'entraînement, et moralement par la peur qui montait en moi, je me suis endormi vers minuit.

Commence alors une nuit de cauchemars : j'avais mon parachute en torche et je ne trouvais pas la poignée du ventral, pour me réveiller en sursaut au moment d'impacter au sol. Ouf ! Ce n'était qu'un rêve. Je sentais un froid intérieur me gagner, puis une pensée : «Mais qu'est-ce que je fais dans cette galère ?» Pour me calmer, je me répétais : Personne ne t'y a obligé, tu voulais voir et bien tu verras !» A peine rendormi, je me réveillais une nouvelle fois en sursaut et en sueur, à chaque fois cette sensation de m'écraser au sol.

Enfin, le clairon sonne le réveil et du même coup me libère de mes cauchemars. La lumière s'allume dans la chambrée, il est 4 heures. Un brin de toilette, on s'habille rapidement et rassemblement au réfectoire. Chacun essaie de calmer son angoisse en s'empiffrant un maximum. Vers 5 heures, arrivent les camions pour nous conduire à la Base d'Entzheim. Durant le trajet, nous chantons pour ne pas laisser la peur nous gagner. Vers 5 h 30 on arrive à la base, le jour se lève. C'est la première fois que je pénètre dans une base aérienne et que je vois des avions de chasse de si près. Ebahi et fier, j'en oublie ma trouille... On saute du camion, et un ordre sec me ramène à la réalité. «Rassemblement par stick» (Stick : équipe de parachutistes largués par le même avion). Rapidement, notre stick de 30 paras se met en colonne par deux. «Perception des parachutes». En petite foulée, on suit le moniteur, j'étais numéro 3. On passe à l'arrière d'un premier camion en criant chacun son numéro d'ordre : «3», un responsable du matériel me jette un parachute dorsal dans les bras. Au camion suivant, c'est un parachute ventral qui vient compléter l'équipement. Et, chargés de nos précieux «paquets» nous rejoignons le point de rassemblement pour former les faisceaux, un stick à côté de l'autre dans l'ordre d'embarquement. Notre stick était le 5ème sur un total d'une douzaine. «Vérification et essayage», chacun prend son matériel et l'inspecte de visu. Puis, je tends les élastiques de rappels sur le dorsal et sur le ventral. Enfin, j'enfile mon parachute dorsal, en règle la longueur des sangles principales et m'équipe. Après y avoir accroché le ventral, tout me semble OK et, nous reposons le tout en faisceau, en attendant notre tour de saut.

Maintenant commence la longue attente et l'apprentissage de la maîtrise de soi. Plus loin sur le tarmac, on aperçoit le «Noratlas» qui brille de mille feux sous le soleil levant. Il vient de lancer le moteur gauche. «Premier stick, équipez-vous !» Après une dizaine de secondes le moteur droit est lancé, une grosse fumée bleue enveloppe le moteur qui tousse un peu, puis lentement les deux moteurs se mettent à ronronner à l'unisson. La tension et l'angoisse montent graduellement. Je ne suis jamais monté dans un avion ! J'en avais tellement rêvé, et maintenant l'euphorie faisait place à la peur. Aujourd'hui, je sais que ce n'était pas la peur de sauter, mais la peur de l'inconnu, en clair : la peur d'avoir peur.

Le premier stick grimpe dans la carlingue, l'avion roule sur le taxiway, fait le point fixe avant de s'engager sur la piste. Les manettes à fond, l'avion roule, accélère, et s'arrache de la piste dans un bruit de tonnerre. Tous, la tête en l'air, nous le suivons des yeux jusqu'à sa disparition dans l'azur. «Deuxième stick, équipez-vous !» Au bout d'environ 20 minutes, le Noratlas se présente en finale et se pose. Le deuxième stick marche vers le point d'embarquement. L'avion s'immobilise, personne n'en descend, donc tout le monde a sauté. Cela me rassure quelque part et je me dis :

«comme cela s'est bien passé pour le premier stick, il n'y a pas de raison que cela ne se passe pas bien pour nous.» «Troisième stick, équipez-vous !» Etc...

«Cinquième stick, équipez-vous !» Cette fois-ci c'est la bonne, on s'équipe avec le plus grand sérieux, chacun aidant l'autre à resserrer les sangles latérales. L'angoisse me noue la gorge, j'ai chaud et soif, trop tard pour faire marche arrière. «Vérification», un moniteur devant et l'autre derrière passent l'ensemble du stick en revue. Tout est ok, engoncé dans notre équipement, nous marchons d'un pas lourd vers le point d'embarquement. L'avion se pose, roule vers nous et s'immobilise sans couper les moteurs. L'avion est énorme vu de près, un largueur accroche l'échelle, nous grimpons péniblement dans la carlingue à cause du souffle qui nous déstabilise. Je suis 3ème du deuxième demi-stick, c'est à dire assis en face de la porte de saut qui était enlevée. Les moteurs font un bruit assourdissant, on ne s'entend même plus. La piste se dérobe, le sol défile sous mes yeux et l'avion prend de plus en plus d'altitude. Mon cœur bat la chamade, je suis heureux et anxieux à la fois, pour l'instant ça va, mais est-ce que tout à l'heure, j'aurai le courage de sauter ? Pendant que je me pose toutes ces questions, la lumière rouge s'allume. Un des largueurs hurle : «Pour le premier demi-stick, debout, accrochez». J'assistais en spectateur, ce n'était pas encore notre tour. Les mousquetons claquaient sur le câble d'accrochage. Une ultime vérification par les largueurs, «le premier en position !» En principe le premier est toujours un ancien, pour éviter un refus de saut. Il se positionne comme un félin, prêt à bondir, les yeux fixés sur l'horizon. J'ai peur pour lui.

La lumière rouge passe au vert, un klaxon strident retentit, «Go !» il disparaît de ma vue, happé par le vide. Deux, trois, quatre... un à un les quinze passent par la porte. Le klaxon s'arrête, les largueurs tirent quelque chose vers l'intérieur, à mon grand effroi, je pensais à un parachutiste resté accroché ? Non, il s'agissait de rentrer les SOA (sangle d'ouverture automatique) qui restaient accrochées à l'avion. Le Noratlas amorce un grand virage par la droite, je suis littéralement couché dans mon siège et dès qu'il reprend un vol horizontal, j'entends : «Debout, accrochez». D'un bond on est tous debout et de la main gauche on accroche le mousqueton de la SOA. Une ultime vérification par les largueurs et : «Le premier en position». Je me demande si mes jambes voudront bien me porter jusqu'à la porte, tellement je tremble. Je me concentre sur les automatismes que nous avions appris à l'entraînement, pour éviter un cafouillage au dernier moment.

La sirène se met à hurler, le largueur à la porte crie : «Go !» le numéro un est parti, le deux en place, «Go !» à mon tour, pied droit, pied gauche, mains à l'extérieur «Go !» je balance ma jambe droite et tire sur mes bras, instinctivement, je ferme les yeux, immédiatement je suis aspiré, secoué, brassé pendant un temps très court et long à la fois puis, je me sens tiré vers le haut, plus de bruit de l'avion. J'ouvre un œil, puis les deux, je suis dans un autre monde, entre ciel et terre pendu au bout du parachute bien ouvert. Toutes mes craintes se sont envolées et je n'ai qu'une envie, hurler de joie, mais aucun son ne sort de ma bouche. Au même niveau d'autres parachutes, blancs ou kakis, et en bas une grosse fumée noire pour indiquer la direction du vent au sol. Les ordres me reviennent très vite à l'esprit : «Tour d'horizon, repérage de la zone de saut, repérage de la dérive et position d'atterrissage.» Eh oui, on n'a même pas le temps d'admirer le paysage, qu'il faut déjà se préparer à l'atterrissage.

Ce serait trop bête de se blesser à l'atterrissage, maintenant que tout s'est bien passé. Traction sur les élévateurs face au vent, jambes tendues et serrées, dos arrondi, je pense être à une cinquantaine de mètres... Je ferme les yeux et j'attends, (c'est le meilleur moyen pour ne pas faire un refus du sol, qui peut se solder par un tassement de vertèbres). Je touche le sol et enchaîne avec un «roulé-boulé».

Assis dans l'herbe, je regarde mon parachute se dégonfler. C'est si grand et si fort, qu'on a du mal à réaliser qu'on vient de là-haut. Autre consigne : «On se relève tout de suite pour montrer qu'on n'est pas blessé». Immédiatement je me relève, brasse mon parachute et me dirige vers le point de ralliement. Pliage sommaire du parachute dorsal, restitution des parachutes aux camions matériel. Ouf ! Couché dans l'herbe, nous regardons les autres largages. Ce jour-là, je fis mienne la devise : «Qui ose gagne».

Pour la petite histoire, j'ai pratiqué le parachutisme sportif pendant 40 ans (jusqu'en juin 2000 et effectué 2 005 sauts, dont 1 981 en chute libre.

Raymond WOOG

Mein erster Absprung

Strasbourg - Lecourbe Kaserne - 12 mai 1960

Die letzten Vorbereitungen zum Absprung sind zu Ende. Morgen ist der grosse Tag ! Obwohl ich früh zu Bett ging, hatte ich Mühe einzuschlafen. Die letzen Empfehlungen unseres Ausbilders ertönten noch in meinen Ohren : «achten Sie auf die Tür des Flugzeugs, schauen Sie nach dem Horizont, nicht nach unten usw...» Endlich, physisch erschöpft durch die Übungen und geistig durch die Angst die in mir aufstieg, bin ich gegen Mittenacht eingeschlafen.

Dann begann eine Nacht voller Alpträume : Der Fallschirm geht nicht auf, ich finde den Handgriff des zweiten Fallschirms nicht und erwache beim Aufprall. Gott sei Dank, es war nur ein Traum ! Eine innere Kälte überfällt mich, dann ein Gedanke «was mache ich in dieser Galeere,» Um mich zu beruhigen, wiederholte ich «Es hat dich niemand gezwungen ; du wolltest sehen, nun sehe «Kaum war ich wieder eingeschlafen wachte ich erneut, schweissbedeckt auf. Ich hatte jedesmal das Gefühl am Boden zu zerschellen. Endlich wachte ich auf und war von meinen Alpträumen erlöst.

Es ist 4 Uhr morgens. Ein wenig Toilette, man kleidet sich rasch an und Antreten im Speisesaal. Gegen 5 Uhr kommen die Lastwagen, um uns nach dem Entzheimer Militärflugplatz zu führen. Wir singen während der Fahrt damit uns die Angst nicht überfällt. Es ist das erste Mal, dass ich einen Flugplatz betrete, und ich Jagdflugzeuge sehe. Verblüfft und stolz, vergesse ich meine Angst. Ein schroffer Befehl bringt mich zur Realität zurück. «Antreten, in Kolonnen zu zweit und Empfang und Anprobe der Fallschirme». Alles ist O.K. und nun fängt die lange Wartezeit und die Lehre zur Selbstbeherrschung an. Die Motoren des Flugzeugs fangen an zu brausen, die Spannung und die Angst steigen. Ich war noch nie in einem Flugzeug und habe soviel davon geträumt.

Der erste «Stick» klettert in das Flugzeug. Nach ungefähr 20 Minuten Flug landete unser Nordatlas. Niemand steigt aus, also sind alle abgesprungen. Ich denke : da alles gut ging für die ersten, warum soll es nicht gut gehen für uns. Jetzt ist es an unserer Gruppe. Jeder hilft dem anderen die Riemen fest zu schnüren. Die Angst knüpft mir den Hals zu. Mir ist's heiß und ich habe Durst, es ist zu spät um aufzugeben. Alles ist O.K., wir gehen mit schweren Schritten zu dem Einsteigepunkt. Das Flugzeug fährt uns entgegen ohne den Motor zu stoppen, es ist gewaltig von Nahem gesehen. Wir steigen mühsam ein, ich sitze gegenüber der Absprungstür, die offen ist. Die Motoren machen grossen Lärm. Das Flugzeug steigt immer höher. Mein Herz schlägt fest, ich bin glücklich und habe zugleich grosse Angst. In diesem Augenblick geht es, aber werde ich später den Mut haben abzuspringen ? Während ich mir diese Fragen stelle, ging das rote Licht an. Es war noch nicht an uns. Ich bin noch Zuschauer. Der erste der abspringt ist immer ein älterer, um einer Verweigerung zu springen zuvorzukommen. Er nimmt die Stellung an, wie ein Raubtier, bereit zu springen, den Blick auf den Horizont fixiert. Ich habe Angst um ihn. Die rote Ampel zeigt grün an. Eine Hupe ertönt «Go» und schon verschwindet er von der Tiefe erhascht. Eins, zwei, drei, einer nach dem anderen springt durch die Tür. Die Hupe hört auf. Der Nord-Atlas nimmt eine scharfe Kurve, so dass ich auf meinem Sitz regelrecht liege. Dann höre ich «Aufstehen, anschnallen !» Mit einem Satz stehen wir alle auf. Ich frage mich ob meine Beine mich bis zur Tür tragen werden, so zittere ich. Ich konzentriere mich auf die Gesten die wir gelernt haben. Die Sirene fängt an zu heulen «Go», die Nr 1 startet, die Nr 2 stellt sich an seinen Platz «Go». Jetzt ist es an mir «Go». Ich schliesse die Augen. Ich werde gehappt, geschüttelt während einer kurzen und gleichzeitig langen Zeit. Ich fühlte mich hoch gezogen, Kein Lärm mehr von dem Flugzeug. Ich öffne ein Auge, dann beide, ich bin in einer anderen Welt, zwischen Himmel und Erde, an meinem offenen Fallschirm gehängt. Alle meine Ängste sind weggeflogen. Ich habe nur einen Wunsch, vor Freude zu brüllen aber kein Ton kommt aus meinem Mund. Neben mir, andere Fallschirme, weiss oder kaki und unten ein dicker schwarzer Rauch, um die Windrichtung am Boden anzugeben. man hat nicht einmal Zeit die Landschaft zu bewundern ; schon muss man sich zur Landung vorbereiten. Es wäre zu dumm sich am Boden zu verletzen jetzt, wo alles gut ging. Ich denke dass ich 50 m. vom Boden wäre. Da schliesse ich meine Augen und warte. Es ist das beste Mittel eine Verweigerung zur Landung zu verhindern, die eine Verletzung der Wirbelsäule verursachen könnte. Ich berühre den Boden und rolle mich ab. Im Gras sitzend schaue ich wie sich der Fallschirm zusammenfällt. Es ist so gross, so stark, dass man Mühe hat zu glauben, dass man von da oben kommt. Man muss sofort aufstehen um zu zeigen, dass man nicht verletzt ist. Ich stehe auf, nehme meinen Fallschirm und begebe mich zu dem Sammelpunkt. Die Fallschirme werden zusammengebunden und in den dafür vorgesehenen Lastwagen gebracht. An diesem Tag, machte ich ein Motto für mich «Wer will der kann».

40 Jahre lang war ich Fallschirmjäger, bis zum Jahr 2000 und leistete 2 005 Absprünge, davon 1 981 im freien Fall.

Absprung aus 3 000 Meter Höhe

«L’habit ne fait pas le moine»

Pendant la guerre, les distractions étaient plutôt rares et cela se comprend. Aussi, dès la fin de la guerre, lorsque les théâtres et les salles de concerts ont réouvert leurs portes, le public assistait nombreux aux premières représentations et avait à cœur d’ajouter une note festive à ces soirées, en soignant tout particulièrement sa tenue.

Quelques années plus tard, dans les années 1960/70, j’avais la chance, par ma profession, de me rendre 3 à 4 fois par mois à Paris. Après les réunions de la journée, nous avions l’habitude, un ami et moi-même, de passer nos soirées au concert ou dans l’un des nombreux théâtres parisiens, avec une préférence pour la Comédie Française.

Dès nos premières sorties, et malgré le plaisir d’assister à un bon spectacle, nous étions cependant surpris et déçus par la tenue vestimentaire du public : jeans, pull, basket, la garde-robe sur les genoux. Les mœurs avaient, hélas, changé. Ma robe longue choquait dans ce laisser-aller collectif. Forte de cette expérience et à mon grand regret, j’ai donc abandonné la robe longue pour une robe de cocktail, lors de nos prochaines sorties.

Un mardi soir, nous séjournions de nouveau à Paris et la Comédie Française figurait une fois de plus à notre programme. Arrivés devant ce Temple de la comédie, quelle ne fut pas notre surprise de nous voir refuser l’entrée. A notre question pourquoi, l’hôtesse d’accueil, très souriante, nous répondit : «Monsieur peut entrer (il portait un costume sombre, nœud papillon, ruban rouge à la boutonnière), mais Madame n’est pas «habillée». Mon ami lui fit remarquer que j’étais vêtue d’un manteau de fourrure, une robe de cocktail, des chaussures à talons hauts. Réplique de l’hôtesse : «le premier mardi de chaque mois, nous avons une soirée «habillée», où la robe longue est exigée pour les dames et le costume sombre pour les messieurs. Je ne peux pas vous laisser entrer». Après avoir parlementé pendant un moment, lui expliquant que nous venions de province, qu’à chacun de nos séjours à Paris, nous étions des habitués de la Comédie Française, l'hôtesse s'est éloignée quelques instants et est revenue accompagnée d'un responsable qui nous dit : «Nous ferons une exception ce soir, vous pouvez entrer, mais vous devez prendre l'escalier de service». Trop contents de pouvoir assister à la représentation, nous avons pris bravement l'escalier de service, sous l'œil amusé des autres spectateurs qui avaient entendu notre conversation. Cet incident nous avait plutôt amusés et nous avons malgré tout passé une excellente soirée, le spectacle étant comme d'habitude de très bonne qualité.

Conclusion : Mesdames, si vous êtes à Paris un premier mardi du mois et si vous avez l'intention de passer votre soirée à la Comédie Française, renseignez-vous auparavant sur la tenue à adopter, afin de ne pas risquer d'être qualifiée de «persona non grata» ou de passer par l'escalier de service !

Alice SCHMITT

«Kleider machen Leute»

Während des Krieges waren die Unterhaltungen eher selten, und das versteht sich. Als der Krieg zu Ende war, und Theater und Konzertsäle wieder geöffnet waren, kam das Publikum sehr zahlreich zu den ersten Veranstaltungen und nahm sich zu Herzen, diesen Abenden eine festliche Note zu geben, indem es sich stattlich kleidete.

Einige Jahre später, hatte ich Gelegenheit dienstlich 3 bis 4 mal monatlich nach Paris zu fahren. Nach Dienstschluss, ging ich öfters mit einem Freund in eines der vielen Pariser Theater, besonders in die Comédie Française.

Bei unserem ersten Besuch in der Comédie Française, waren wir über die Kleidung des Publikums sehr enttäuscht, wir sahen Jeans, Pull-over, Baskets, keine Spur mehr von festlicher Kleidung. Die Bräuche hatten sich leider verändert. Mein langes Abendkleid störte bei diesem kollektiven «sich gehen lassen».

Einen Monat später, als wir wieder in Paris weilten, stand wieder einmal die Comédie Française auf unserem Programm. Als wir in diesen Tempel des Theaters eintreten wollten, waren wir sehr erstaunt als man uns den Eintritt verweigerte. Auf unsere Frage warum, antwortete die Hostesse : «Der Herr kann eintreten» (er trug einen dunklen Anzug, eine Fliege und das rote Band der «Legion d'Honneur» am Aufschlag seiner Jacke.) «aber die Dame trägt kein langes Kleid» Mein Freund machte sie darauf aufmerksam, dass ich einen Pelzmantel, ein Cocktail Kleid und hohe Absätze trug. Die Hostesse erklärte uns dann, dass am ersten Dienstag jeden Monats, eine festliche Kleidung verlangt wird, also, ein dunklen Anzug für die Herren und ein langes Kleid für die Damen, sie dürfte uns nicht herein lassen. Wir waren enttäuscht und sagten ihr, dass wir nicht in Paris wohnen aber bei jedem Aufenthalt in der Hauptstadt unseren Abend in der Comédie Française verbringen. Die Hostesse entfernte sich einen Moment und kam mit einem Herrn zurück der uns sagte «Wir machen eine Ausnahme für Sie, aber Sie müssen die Diensttreppe benutzen». Wir waren glücklich, an der Veranstaltung teilnehmen zu können, und nahmen tapfer die Dienstreppe unter dem Schmunzeln der Besucher, die unsere Unterhaltung mitbekommen hatten. Wir haben trotz des etwas lustigen Zwischenfalles, einen sehr schönen Abend verbracht. Die Vorstellung war wie immer in diesem Theater, ausgezeichnet.

Ich rate Ihnen, meine Damen, sollten Sie die Absicht haben, am ersten Dienstag des Monats, die Comédie Française zu besuchen, erkundigen Sie sich ob es nicht eine «Soirée habillée» ist, damit Sie nicht als «Persona non grata» behandelt werden und die Diensttreppe benutzen müssen.

Petites anecdotes de ma vie militaire

J'étais désignée pour effectuer un stage d'officier-conseil de trois semaines, à ANGOULEME. Avec mon enthousiasme habituel, je me suis rendue dans cette belle ville de la Charente par le train. A la sortie de la gare, un officier attendait les stagiaires en provenance de Paris. Nous étions 4 à descendre du train, 3 officiers masculins et moi-même. Un camion militaire nous a emmenés à la caserne où devait se dérouler le stage. Arrivés à la dite caserne, les autres stagiaires, provenant d'autres régions de France, étaient déjà présents. Nous étions 20 au total. Au moment de la présentation au Colonel, Chef de corps du régiment, j'ai eu la surprise de constater que j'étais la seule femme officier parmi 19 collègues masculins. Mais je n'étais pas la seule à être surprise. Le colonel ne s'attendait pas à recevoir une femme dans sa caserne et avait prévu de loger les stagiaires par chambre de deux. Il n'avait pas remarqué que parmi les noms figurant sur la liste des stagiaires, il y avait un prénom féminin. Que faire à présent de cette femme ? Il ne pouvait décemment pas me faire partager une chambre avec un officier du sexe opposé. Deux solutions se présentaient alors à lui : soit me loger dans un hôtel de la ville, soit demander à son commandant en second, qui avait une chambre à la caserne, de me céder sa chambre pour les trois semaines de stage. Après en avoir

discuté entre eux, le commandant eut la gentillesse de mettre sa chambre à ma disposition.

Dire que j'étais très mécontente de cette situation plutôt cocasse, serait mentir. Le stage s'est passé dans les meilleures conditions. J'étais en quelque sorte la «préférée du régiment» et ce n'était pas du tout désagréable. Ceci en tout bien, tout honneur et «Honni soit qui mal y pense» !

Alice SCHMITT

«Wehe dem der Schlechtes dabei denkt !»

Eines Tages kam ein Befehl aus Paris : ich sollte für einen 3 wöchigen Kursus nach Angoulème fahren. Begeistert fuhr ich in diese schöne Stadt an der Charente. Am Ausgang des Bahnhofs wartete ein Offizier auf uns (3 andere Offiziere und mich). Ein Militärfahrzeug brachte uns in die Kaserne wo der Kursus statt fand. Als wir dort ankamen waren die anderen Offiziere aus weiteren Gegenden Frankreichs, schon eingetroffen. Wir waren 20 im ganzen. Als wir dem Oberst vorgestellt wurden, war ich überrascht als ich sah, dass ich allein als weiblicher Offizier mit 19 männlichen Kollegen, vertreten war. Ich war aber nicht alleine überrascht. Der Oberst erwartete keine Frau in seiner Kaserne. Er hatte nicht bermerkt, dass auf seiner Liste ein weiblicher Vorname stand, und hatte vor, dass jeweils zwei Offiziere dasselbe Zimmer teilten. Was machen wir jetzt mit dieser Frau ? Er konnte natürlich nicht verlangen, dass ich das Zimmer mit einem Offizier anderen Geschlechts teile. Zwei Möglichkeiten boten sich dann dem Oberst : entweder er brachte mich in einem Hotel der Stadt unter, oder er fragte seinen stellvertretenden Kommandanten, der ein Zimmer in der Kaserne hatte, mir sein Zimmer zu überlassen, was er auch tat.

Ich würde lügen, wenn ich sage, dass mir diese Situation missfiel. Diese drei Wochen liefen bestens ab, ich war einigermassen die «Bevorzugte» des Regiments und das war ganz angenehm !

Aber : «Wehe dem der Schlechtes dabei denkt» !

„Lerne die Sprache des Nachbarn“

Durch die positive Veränderung der politischen Situation zwischen Frankreich und Deutschland entwickelten sich auch die Beziehungen zwischen den Grenzregionen am Oberrhein positiv.

Begegnungen gab es nicht nur im persönlichen Bereich, sondern auch zwischen Institutionen, Verbänden und sozialen Einrichtungen. Sie entfalteten sich in einer so guten Weise, die bei Kriegsende niemand für möglich gehalten hätte.

Dazu ein Beispiel aus der Schulpraxis:

„Lerne die Sprache des Nachbarn“. Diese Aktion des Landes Baden-Württemberg und Frankreichs (Elsass) für die Grundschulen westlich und östlich des Oberrheins (1984) war solch ein erfolgreiches Begegnungsprogramm. Junge Menschen, die nicht durch Kriegserlebnisse belastet waren, hatten die Chance zum kindgemäßen Erlernen der Sprache des Partnerlandes und zu persönlichen Kontakten. Aktive Verfechter dieses Projektes waren die Albert-Schweizer-Grundschule in Freiburg und ab 1983 die Adolf-Reichwein-Grundschule.

Dazu einige persönliche Erinnerungen:

Beim so beliebten französisch-elsässischen Mittagessen in der Auberge d'Artzenheim knüpften die beiden Schulleiter Mr. Oberle und Irene Schlempp die ersten Kontakte zwischen der größten Freiburger Grundschule, der Adolf-Reichwein-Schule, und den elsässischen Dorfschulen in Artzenheim, Muntzenheim, Durenentzen und Biesheim.

Daraus entwickelten sich viele Aktivitäten: Mindestens zwei jährliche Treffen der Lehrkräfte, die an der Aktion interessiert, bzw. daran beteiligt waren, mit persönlichem Kennenlernen beim gemeinsamen Essen und der Erarbeitung des Begegnungsprogramms.

Mindestens zwei jährliche Treffen der Partnerklassen: Fahrt mit dem Bus zur Partnerschule. Begegnung im Klassenzimmer: miteinander Sprechen, Kennenlernen, kleine Aufführungen, gemeinsames Singen und Spielen – jeweils in der „Sprache des Nachbarn". Manch kleiner „Dolmetscher" half durch sein „Elsässisch" zum besseren Verstehen untereinander.

Die Freiburger interessierten sich für die Bauernhöfe, die Tiere, die großen Sportplätze und Besichtigungen z. B. Neu-Breisachs und des Ecomusée. Die französischen Schüler genossen die große Reichwein Turnhalle, die Freiburger Innenstadt, besonders den Weihnachtsmarkt und den gemeinsamen Aufenthalt in der Reichwein Hütte im Schwarzwald (Kapplertal). Wichtig war für alle, dass sie sich gegenseitig zum Mittagessen einladen konnten. Oft entstanden dadurch Kontakte zwischen den Familien.

Nicht nur die Sprache des Nachbarn lernten wir, auch den Nachbarn selbst lernten wir kennen in seinem Lebenskreis, mit seinen Problemen, seinen Verhaltensweisen und seinen Zielen. Dabei entdeckten wir viel Gemeinsames.

Irene SCHLEMPP ✝

Apprends la langue de ton voisin

Par le changement de politique entre la France et l'Allemagne, les relations entre les régions frontalières du Rhin supérieur se développèrent également positivement.

Les rencontres n'eurent pas uniquement lieu sur le plan privé, mais également entre institutions, les services sociaux et les associations. Personne, après la fin de la guerre, ne pouvait croire à un développement aussi favorable.

Voici un exemple :

«Apprends la langue du voisin». Cette action du pays Bad-Wurtemberg et de l'Alsace pour les écoles primaires à l'est et à l'ouest du Rhin supérieur (1984) était un de ces programmes

de rencontres à succès. Des jeunes gens qui ne furent pas traumatisés par les évènements de la guerre, avaient la chance d'apprendre la langue du pays partenaire, selon une méthode adaptée aux enfants, et d'avoir des contacts personnels.

Les défenseurs actifs de ce projet furent l'école primaire Albert Schweitzer de Fribourg et, à partir de 1983, l'école primaire Adolf Reichwein.

Voici quelques souvenirs personnels : pendant le repas franco-alsacien, tant apprécié à l'Auberge d'Artzenheim, les deux directeurs d'école, M. Oberle et Irene Schlempp, établirent les premiers contacts entre la plus grande école primaire de Fribourg l'école Adolf Reichwein et les écoles des villages d'Artzenheim, Munzenheim, Durrenentzen et Biesheim...

Il s'en suivit beaucoup d'activités : les rencontres biannuelles des enseignants qui s'intéressaient ou participaient à ces activités ; ils apprirent à se connaître et à élaborer des programmes de rencontres.

Au moins deux rencontres par an des classes jumelées : trajet en autobus vers les écoles jumelées, rencontres dans la salle de classe, parler ensemble, se connaître, petites représentations , chants et jeux en commun, dans la langue du voisin. Des petits «interprètes» alsaciens ont facilité la compréhension.

Les Fribourgeois s'intéressaient aux fermes, aux animaux, aux grands terrains de sport et aux visites, ex. Neuf-Brisach ou l'Ecomusée.

Les écoles françaises apprécièrent le grand gymnase Reichwein, le centre ville de Fribourg, particulièrement le Marché de Noël et le séjour, tous ensemble, dans le chalet Reichwein en Forêt Noire (Kapplertal). Il importait à tous de pouvoir s'inviter réciproquement pour le repas de midi, le contact s'établissait également entre les familles.

Nous n'avons pas uniquement appris la langue du voisin. Nous apprenions aussi à le connaître dans son milieu, avec ses problèmes et ses buts. Ainsi nous avons découvert beaucoup de similitudes.

Strip-tease au volant

Après la guerre, je me suis engagée dans l'Armée Française. Nous avions l'occasion de passer le permis de conduire. Profitant de cette opportunité, je me suis inscrite pour suivre le stage accéléré qui nous était proposé et qui devait se dérouler dans une caserne de la région de Metz.

Nous étions fin juin. Le matin du jour de l'examen, nous étions surpris que l'on nous demandait de nous présenter en civil, ce que nous avions apprécié, puisqu'il faisait très chaud.

C'était une voiture de type «Mehari», décapotable, ouverte à tous vents que nous devions conduire. J'étais vêtue d'une jupe et d'un corsage léger, mais décent. Tout se passait bien, j'étais calme jusqu'à l'arrivée sur la RN 4, je crois. Un poids lourd roulait devant moi. L'inspecteur militaire, qui avait pris place à côté de moi me dit «doublez ce camion». J'avais déjà mis le clignotant, lorsque, venu de je ne sais où, un violent coup de vent s'engouffra dans mon corsage et le déboutonna entièrement. Je me trouvais quasiment en soutien-gorge. Plus question pour moi de doubler ce poids lourd. Il fallait que je reboutonne mon corsage. Mais l'inspecteur ne l'entendait pas ainsi et hurlait «Nom de... , laissez ce foutu corsage et doublez ce camion.» Je tenais avant tout à avoir mon permis. J'ai donc doublé ce véhicule, en attendant de m'engager dans une rue plus calme pour rectifier ma tenue.

Je crois sincèrement que je dois mon permis à mes capacités de conduire et non à ce strip-tease involontaire.

Alice SCHMITT

Strip-Tease am Steuer

Nach dem Kriege habe ich mich in der französischen Armee engagiert. Wir hatten Gelegenheit den Führerschein zu machen in einem 14 tätigen Kursus der in einer Kaserne in der Nähe von Metz stattfand. Morgens hatten wir Strassenverkehrsordnungskurse und Nachmittags, Fahrkurse.

Am Tag der Prüfung waren wir überrascht, als man uns sagte, wir sollen in Zivikleidung kommen. Das haben wir sehr geschätzt, denn es war Ende Juni und es herrschte eine grosse Hitze.

Es war ein Wagen des Typus «Mehari», den wir fahren mussten, in dem man der freien Luft ausgesetzt war. Ich trug einen kurzen Rock und eine leichte Bluse. Alles spielte sich gut ab, bis wir auf einer Nationalstrasse fuhren. Vor uns fuhr ein Lastwagen. Der Militärinspektor, der neben mir sass, forderte mich auf, den Lastwagen zu überholen. Ich hatte schon den Blinker eingeschaltet, als plötzlich ein heftiger Windstoss in meine Bluse eindrang und die gesamten Knöpfe öffnete. Für mich kam das Überholen nicht mehr in Frage. Ich versuchte die Bluse wieder zuzuknöpfen, aber der Inspektor war anderer Meinung. In einem nicht freundlichen Ton sagte er «Zum Kukuck nochmal, lassen sie die blöde Bluse und überholen sie diesen Lastwagen». Ich wollte unbedingt meinen Führerschein haben, so überholte ich, beinahe im «BH» den Wagen. Ich wartete bis wir in eine Nebenstrasse einbogen um meine Bluse wieder zuzuknöpfen.

Nach diesem Geschehen, hoffe ich, dass ich den Führerschein meinen Fähigkeiten einen Wagen zu steuern verdanke, und nicht diesem ungewollten Strip-tease !

Kontakte zwischen Schulen im Elsass und in Baden

Der Anfang

Im Mai 1982 hatten das Oberschulamt Freiburg und das Rectorat Strasbourg deutsche und französische Lehrer in das CRDP (Centre Regional de Documentation Pédagogique) in Strasbourg eingeladen. Es wurde der neue Unterrichtsfilm „Zwei Länder – eine Landschaft" in deutscher und französischer Fassung vorgeführt. Ziel war, eine erste Gelegenheit zur Kontaktaufnahme zwischen badischen und elsässischen Lehrern anzubieten. Dort lernte ich Pierre Schmitz kennen: Chef des Schulamts (Inspection departementale) in Altkirch. Wir beschlossen, die Möglichkeit von Schulkontakten auszukundschaften und solche anzuregen.

Etwa ein Jahr später erhalte ich eine Einladung nach Altkirch. Pierre Schmitz, bereits pensioniert, stellt mir seinen Nachfolger vor: Jack Remoriquet, Franzose, aus dem Innern Frankreichs ins Elsass verpflanzt, Land und Leuten hier aufgeschlossen. Dann ist da noch Francois Keller, der pädagogische Berater für den Musikunterricht und Monsieur Dangel, ein Journalist, der hier eine kleine Mundartbühne betreibt.

Wir planen ein Schülertreffen. Hauptschwierigkeit sind die fehlenden Fremdsprachenkenntnisse. Aber gemeinsames Singen, gemeinsam Sport und Spiel, das müsste gehen. Und der alemannische Dialekt könnte als Bindeglied dienen.

Auf badischer Seite ist es Heinz Kasper, der Rektor der Realschule Heitersheim, der sich für die Sache begeistern lässt. Er organisiert eine erste Fahrt Heitersheimer Schüler und Lehrer nach Altkirch. Höhepunkt ist dort ein gemeinsames Singen von 400 elsässischen und 55 badischen Schülern in der Halle au Blé in Altkirch.

Francois Keller dirigiert und begeistert mit französischen, deutschen und alemannischen Liedern. Im Oktober `84 erfolgt der Gegenbesuch der elsässischen Schüler (College Ferette) in Heitersheim.

Höhepunkt ist jedoch das Maisingen 1985 in Heitersheim. Es beteiligen sich neben Heitersheim die Realschulen Bad Krozingen, Bötzingen, die Weiherhof-Realschule in Freiburg und eine große Zahl Schulen aus dem Elsass unter der musikalischen Leitung von Francois Keller. Das Regio-Magazin berichtet in Nummer 6/1985 über diese Begegnungen.

Maisingen

An den elsässischen Primarschulen ist es üblich, dass im Mai ein Wettsingen der einzelnen Schulen stattfindet. Die besten Schülerchöre singen dann in einer Abschlussveranstaltung des Departements.

Diese Veranstaltung erfolgt 1984 im Eco-Musée in Ungersheim. Dort macht mich Francois Keller mit dem Inspecteur Academique Colmar, Paul Muller, bekannt. Paul Muller erklärt mir, dass er Kontakt mit dem Freiburger Oberschulamt aufnehmen möchte. Sein Wunsch ist eine enge Zusammenarbeit zwischen elsässischen und badischen Schulen. Nach seiner Vorstellung, sollte jede elsässische Schule eine Partnerschaft mit einer badischen Schule beschließen.

In der Folgezeit kommt es zur Bildung einer Arbeitsgruppe „Schulpartnerschaften Baden-Elsass“ beim Oberschulamt Freiburg und bei der Inspection Académique in Colmar. Die badische Gruppe arbeitet unter Leitung von Herrn Azone, dem Direktor des Theodor-Heuß-Gymnasiums in Freiburg, die elsässische Gruppe unter Leitung von Monsieur Grasser, dem Directeur des Lycée Scheurer-Kestner in Thann.

Die Arbeitsgruppe holt Informationen ein und macht Schulen Vorschläge für die Aufnahme einer Partnerschaft.

Die Regio-Gesellschaften

Besonders aktiv auf kulturellem und auch schulischem Gebiet ist die Regio Basiliensis. Die damalige Kulturbeauftragte der Basler Regio, Gisela de Kostine, ist eine sehr aktive Frau. Sie ist stets bemüht, bestehende Partnerschaften zwischen badischen und elsässischen Schulen um eine Partnerschaft mit einer schweizerischen Schule zu erweitern. Besonders eng ist auch die Zusammenarbeit mit Jacques Hering, dem Geschäftsführer der Regio du Haut-Rhin in Mulhouse. Jacques Hering organisiert einen „Pädagogischen Arbeitskreis" aus Fachleuten der Region. Die Arbeit dieses Kreises führt 1984 zur Herausgabe des Schulfilms „Drei Länder – eine Region" und 1989 zur Herausgabe des „Ratgebers für Schulausflüge in der Regio". 1991 ist Gisela de Kostine aus der Regio Basiliensis ausgeschieden.

Alfred WEISS

Contacts entre les écoles d'Alsace et de Bade

Le Début :

En mai 1982, les rectorats de Fribourg et de Strasbourg ont invité des instituteurs français et allemands au CRDP (Centre Régional de Documentation Pédagogique) à Strasbourg. On y projetait le nouveau film pédagogique «Deux pays, un paysage», en allemand et en français, afin d'offrir aux instituteurs du pays de Bade et d'Alsace une occasion pour établir un premier contact entre eux. C'est là que j'ai connu Pierre Schmitz, directeur de l'Inspection Départementale d'Altkirch. Nous avons décidé de nous renseigner sur les possibilités de contacts scolaires et de les stimuler.

A peu près un an plus tard, j'ai reçu une invitation pour Altkirch. Pierre Schmitz ayant pris sa retraite, me présenta son successeur Jack Remoriquet, Français de «l'intérieur», muté en Alsace, ouvert à ses habitants et à la région. Il y avait aussi François Keller, conseiller pédagogique pour l'enseignement de la musique et Monsieur Dangel, un journaliste qui exploitait un petit théâtre dialectal.

Nous projetons une rencontre d'élèves. La difficulté résidait dans le manque de connaissance de la langue maternelle de l'autre. Mais chanter ensemble, faire du sport devaient suffire et le dialecte alémanique pourrait servir de trait d'union.

Du côté badois, c'est Heinz Kasper, recteur du collège de Heitersheim, qui s'est laissé séduire par le projet. Il organisa une première sortie d'élèves de Heitersheim et d'enseignants à la Halle au blé à Altkirch. Le point d'orgue fut un chant commun de 400 élèves alsaciens et 55 badois. François Keller dirigeait les choristes et enthousiasma l'auditoire avec des chants français, allemands et alémaniques. En octobre 1984, les élèves alsaciens du Collège de Ferrette se sont rendus à Heitersheim.

«Chant du mois de mai»

Il est de tradition dans les écoles primaires alsaciennes, qu'un concours de chant des écoles soit organisé au mois de mai. Les meilleures chorales participent alors à une finale départementale.

En 1984, cette manifestation eut lieu à l'Eco-Musée d'Ungersheim, où François Keller me présenta à l'Inspecteur d'Académie de Colmar Paul Muller, qui m'a fait part de son intention de prendre contact avec l'Inspection de Fribourg. Son souhait était de créer une coopération réelle entre les écoles d'Alsace et de Bade. D'après lui, chaque école alsacienne devrait contracter un partenariat avec une école badoise.

Par la suite, un groupe de travail fut créé sous le nom de «Partenariat scolaire du Pays de Bade-Alsace» à l'Inspection académique de Fribourg et de Colmar. Le groupe de Fribourg travaille sous la direction de M. Azone directeur du lycée Heuss de Fribourg, le groupe alsacien sous la direction de H. Grasser, directeur du lycée Scheurer-Kestner de Thann.

Les groupes de travail ont pour mission de chercher des informations et de faire des propositions aux écoles pour créer un partenariat.

La Regio Basiliensis est particulièrement active dans ce domaine. La responsable de la culture de la Regio Bâle, Gisela de Kostine, était une femme très active. Elle s'est donné beaucoup de mal, afin d'étendre le partenariat existant entre des écoles françaises et badoises, à une école suisse. La collaboration avec Jacques Hering, directeur de la Regio du Haut-Rhin à Mulhouse était très étroite. J. Hering a organisé un «cercle de travail pédagogique» composé de spécialistes de la région. le travail de ce cercle aboutit en 1984 à la sortie du film «3 pays, un paysage» et en 1989 à la publication du «guide des sorties scolaires dans la régio».

En 1991, Gisela de Kostine a quitté la Régio Basiliensis.

Amitié Franco-Allemande

Deutsch-Französische Freundschaft

Der Anfang einer lebenslangen Freundschaft

Es war im Frühjahr 1944. Wir befanden uns wegen der starken Bombenangriffe in meiner Heimat mit der ganzen Schule in der sogenanntenKinderlandverschickung in Wangen im Allgäu. Dort war es selbstverständlich, dass wir Jugendlichen im Sinne Adolf Hitlers erzogen wurden. Im April 1944 gingen wir mit der ganzen Klasse in ein Wehrertüchtigungslager nach Bad Wurzach. Neben dem täglichen Drill mussten wir in der moorartigen Umgebung Torf stechen.

Unser morgendlicher Weg führte an einem Internierungslager vorbei. In ihm befanden sich Ausländer, die wegen des Krieges dort interniert waren. Sie sahen sehr ausgehungert und mitleiderregend aus. So beschloss ich, am nächsten Morgen, wenn uns der Weg wieder an diesem Lager vorbei führte, von dem reichlich vorhandenen Frühstücksbrot den hungerleidenden eingesperrten Menschen etwas durch den Zaun zu reichen. Gedacht, getan. Der Empfänger bedankte sich überschwänglich in französischer Sprache, die ich damals noch nicht gut verstand.

Nicht ahnend, dass so etwas verboten war, wurde ich von unserem Zugführer dabei erwischt. Es nützte nichts, dass ich mein Handeln mit meiner christlichen Erziehung begründete. Ich musste zur Strafe am Abend gegen den Ausbilder der Boxstaffel antreten. Er schlug mich im Boxring grün und blau bis man mich k. o. ins Bett trug. Ich wurde vom Lagerarzt drei Tage krank geschrieben. Seit dieser Zeit wurde ich skeptisch gegenüber dem herrschenden Regime.

Zur gleichen Zeit befand sich meine Mutter mit den beiden jüngeren Geschwistern in der Evakuierung auf einem Bauernhof im Bayrischen nahe Donauwörth. Als ich sie im Sommer 1944 besuchte, befand sich auf dem Hof ein französischer Kriegsgefangener, der in der Landwirtschaft helfen musste. Die Bauernfamilie hatte selber drei Söhne im Krieg. Der Zwangsarbeiter war in der Familie wie ein Sohn aufgenommen, hatte sein eigenes Zimmer und aß mit uns allen am gleichen Tisch. Er hieß José und war mir vom ersten Blick an sympathisch. Da er bereits ein Jahr auf dem Hof war, sprach er leidlich deutsch. Dem jüngsten Sohn des Hofes und mir zeigte er viele praktische handwerkliche Dinge. Es war ein freundschaftliches Miteinander. In diesen vier Wochen Ferienzeit erfuhr ich vom Bauern, der ein eingefleischter Antinazi war, dass es in Deutschland eine Judenverfolgung und Konzentrationslager gab. Da dies mit meinen eigenen Erfahrungen aus Bad Wurzach im Einklang stand, pflegte ich in den darauf folgenden Monaten immer mehr Abstand zu den Einrichtungen des Naziregimes und hielt mich mit allerlei Ausreden von der Hitlerjugend fern.

Nach dem Krieg heiratete mein älterer Bruder die Tochter des Hofbauern. Bei meinen Besuchen erfuhr ich, dass José nach der Kapitulation gut nach Hause auf seinen eigenen Hof in der Auvergne zurückgekommen sei und man guten brieflichen Kontakt mit ihm habe. Ich ließ mir seine Adresse geben und schrieb ihm ebenfalls. In meinem ersten Semester in Freiburg 1950 fuhr ich per Anhalter in den Pfingstferien zu ihm in die Auvergne. Seit dieser Zeit stehen wir in regelmäßigem Kontakt. Er war mit seiner Familie bei meiner Hochzeit 1957 in Freiburg. Wir haben manche Ferien mit Kind und Kegel bei ihm auf dem Bauernhof verbracht, in der Landwirtschaft und bei der Weinlese geholfen. Durch den Tod von José, der im November 2002 verstarb, ging eine fast 60 Jahre dauernde Freundschaft zu Ende.

Prof. Dr. Franz-Josef GROSSE-RUYKEN

Le début d'une amitié à vie

C'était en février 1944. En raison des bombardements intensifs dans ma région, nous nous trouvons avec l'ensemble de l'école à Wangen en Allgäu, où il était naturel que nous, les jeunes, soyons élevés dans l'esprit d'Adolf Hitler. En avril 1944, toute la classe est allée à Bad Wurzach, dans un camp de préparation militaire. Outre l'entraînement quotidien, nous devions extraire de la tourbe dans cet environnement marécageux. Notre chemin nous faisait passer tous les jours devant un camp d'internement, dans lequel se trouvaient des étrangers internés là, suite à la guerre. Ils avaient l'air affamés et inspiraient de la pitié. Aussi ai-je décidé de prélever un peu de notre copieux petit déjeuner et de le faire passer à ces affamés, à travers le grillage. Le lendemain matin, en passant de nouveau devant ce camp, le réceptionniste me remercia en français, en terme exaltés, que je ne comprenais pas encore à cette époque là.

Ignorant qu'il était défendu d'apporter de la nourriture aux prisonniers, je me suis fait prendre par notre chef de file. Cela n'a servi à rien de justifier mon action par mon éducation religieuse. Comme punition, j'ai du affronter l'instructeur de l'équipe de boxe, qui m'a battu jusqu'à ce que je sois k.o. et qu'on me transporte dans mon lit. Le médecin du camp m'a prescrit 3 jours de congé de maladie. A partir de ce moment là, je suis devenu sceptique, face au régime régnant.

A la même époque, ma mère et mes deux plus jeunes frères, étaient évacués dans une ferme en Bavière, près de Donauwörth. Lorsque je leur ai rendu visite en été, un prisonnier de guerre français se trouvait à la ferme pour aider aux travaux des champs. La famille d'agriculteurs avait elle-même 3 fils à la guerre. Le prisonnier était reçu comme un propre fils, il avait sa chambre et mangeait avec nous à la même table. Il s'appelait José et dès le premier instant, je l'ai trouvé sympathique.

Comme cela faisait déjà un an qu'il était à la ferme, il parlait passablement l'allemand. Il nous a appris, au plus jeune fils de la ferme et à moi-même, beaucoup de choses pratiques et artisanales. Nous formions un trio amical. Pendant ces 4 semaines de vacances, j'ai appris par le fermier qui était un antinazi convaincu, qu'il existait en Allemagne une chasse aux Juifs, et des camps de concentration. Comme cela concordait avec mes propres expériences à Bad Wurzach, j'ai pris l'habitude dans les mois qui suivirent de prendre de plus en plus de distance vis à vis des institutions du régime nazi et, grâce à de multiples excuses, je me suis tenu à l'écart de la jeunesse hitlérienne.

Après la guerre, mon frère aîné épousait la fille de la ferme. Lors de mes visites, j'ai appris qu'après la capitulation, José est retourné en Auvergne dans sa propre ferme et qu'un très bon contact épistolaire a été maintenu entre eux. Pendant le premier semestre à Fribourg en 1950, je me suis rendu en auto-stop pendant les vacances de Pentecôte, chez lui en Auvergne. Depuis, nous entretenons des contacts réguliers. En 1957, il est venu à mon mariage à Fribourg. Nous avons passé de nombreuses vacances en famille dans sa ferme et aidé pour les travaux agricoles et les vendanges.

Par le décès de José en novembre 2002, une amitié de près de 60 ans prit fin.

Réconciliation Franco-Allemande

Après tant d'années de feu et de sang, tant de guerres dévastatrices, qui ont mis face à face, surtout chez nous en Alsace, fils, frères, cousins et autres parents, nous avons enfin trouvé la paix et avec elle la compréhension et la complémentarité. Oui, complémentarité car c'est cela les deux pays issus d'un même noyau, d'une culture identique, du même amour de la musique, de la littérature, de la sculpture, de l'art en général, ce qui fait leur beauté et leur valeur.

Tant de grands hommes ont été engendrés de part et d'autre de ce fleuve, le Rhin, tant convoité, tantôt frontière, tantôt paysage annexé.

Voilà que le miracle s'est produit, car les miracles cela existe ! Deux grands hommes, Charles de Gaulle et Konrad Adenauer ont compris qu'il ne peut y avoir de paix durable, tant que nos deux peuples, qui ont tant de choses en commun et à partager, continuent à se déchirer et ne se tendent pas la main pour cheminer ensemble.

Que de chemin parcouru depuis cette réconciliation ! Plus tard, François Mitterand et Helmut Kohl, ont scellé une fois pour toutes cette amitié et par delà cette confiance réciproque, qu'il a d'abord fallu gagner. Depuis des échanges se font et des liens se tissent entre toutes les générations, jeunes, plus âgés, séniors. Quel bel exemple que celui du travail en commun entre nos villes jumelées Chemnitz, Kassel, Timisoara et notre ville amie, Freiburg. Les échanges sportifs, scolaires, culturels, linguistiques, sans oublier les anciens, ceux qui ont vécu des moments, ô combien difficiles, voire douloureux et qui sont, en quelque sorte, les artisans de cette amitié.

Nous sommes les derniers témoins ayant vécu l'escalade de l'horreur qui se pointait et le désastre qui s'en suivit. De nombreuses rencontres, des Conseils des Anciens réciproques, témoignent de la richesse de ces contacts, toujours très fructueux en expériences.

Quelle joie à chaque rencontre, accueil chaleureux, moments empreints de convivialité non feinte, voire d'émotion, soirées amicales et joyeuses, réceptions. Mais nos échanges sont autant de preuves de bonne volonté de part et d'autre et de travail intense, sérieux et d'approfondissement de problèmes journaliers ou spécifiques de nos aînés ; sans oublier les rencontres inoubliables avec l'Association Franco-Allemande de Chemnitz, forte en 1998 de 80 personnes environ. Nous quittions ces soirées avec, de part et d'autre, un léger pincement au cœur.

Nous n'avons qu'un souhait, c'est que tout ce qui a été créé se perpétue par ceux qui vont suivre, car nous nous rendons compte au fur et à mesure, quelles richesses se trouvent dans nos deux peuples, lesquels, nous le souhaitons de tout cœur, continuent à être le moteur de l'Europe en paix à laquelle nous avons contribué et de la défense des droits de l'homme, ouvrant des cieux nouveaux vers une ère nouvelle.

Nous avons le bonheur de vivre ce qui semblait inconcevable il y a encore 60 ans. Non, le bonheur ne s'est pas enfui à tout jamais.

Que vive la paix pour toujours !

Gabrielle NOLLINGER

Helmut Kohl - François Mitterand
Visite des champs de bataille de Verdun
22 novembre 1984

Deutschland und Frankreich versöhnen sich

Nach all den Leiden, den wiederholten Kriegen, all dem Blutvergiessen, haben unsere zwei Länder endlich den Weg zur Brüderlichkeit gefunden.

Wieviel Kummer und Angst verursachten die Kriege und unzählige Tränen wurden vergossen. Hauptsächlich wir, im Elsass, haben sehr gelitten, denn wir wussten, dass irgendwo unsere Söhne Brüder, Vettern oder andere Familienangehörige sich gegenüber im Kampf treffen könnten. Unheimlich viel Unglück hat dies alles mit sich gebracht, sogar Zorn und gegenseitigen Hass.

Unsere beiden Völker haben doch seit Jahrhunderten dieselbe Kultur hüben und drüben des Rheins, welcher so oft der Zankapfel war, manchmal Grenze, manchmal besetztes Gebiet. Der Wunsch der Ansässigen wurde ja nie in Betracht gezogen. Viele grosse Namen haben wir der Welt und speziell Europa geschenkt.

Zwei weitsehende und verantwortungsbewusste Männer unserer beiden Nationen, Charles de Gaulle und Konrad Adenauer, hatten bestimmt schon längst eingesehen, dass dieser Unsinn ein Ende nehmen muss. Es war klar, dass ohne diese Versöhnung kein dauerhafter Friede sich entwickeln könnte. Viel Wasser floss unter den Rheinbrücken seit dieser gebenedeiten Zeit. Später haben François Mitterand und Helmut Kohl diese Zusammenarbeit für alle Zeit besiegelt. Trotz allem guten Willen, musste aber diese Freundschaft Schritt für Schritt aufgebaut und erworben werden.

Man darf auch die Sprache seines Nachbarn nicht verachten und sollte den Reichtum unserer Doppelkultur bewahren.

Seither gibt es viel Austausch, sportliche und kulturelle Veranstaltungen. Dies alles zwischen allen Generationen, Schuljugend, jüngere Menschen, aber auch Senioren. Die letzteren arbeiten viel mit unseren Partnerstädten Chemnitz, Kassel, Timisuara zusammen, sowie mit unserer befreundeten

Stadt Freiburg. Auch haben wir herzliche Verbindungen mit der Deutsch-Französischen Gesellschaft von Chemnitz.

Wir sind ja die letzte Generation welche dieses traurige Schicksal, dieser unerhörten Schreckenszeiten miterlebt haben.

Wir haben uns gegenseitig kennen und schätzen gelernt. Jedes Zusammentreffen ist eine bereichernde neue Entdeckung und ein Stein zum Aufbau der Befestigung mit unseren Partnern. Wir arbeiten auch zum Wohl unserer älteren Mitmenschen und haben einen fruchtbringenden Austausch.

Wir treffen uns aber auch im freundschaftlichen Kreis und verbringen immer angenehme Stunden miteinander.

So soll es auch bleiben, sich sogar noch weiter entwickeln. Wir hoffen, dass unsere Nachfolger diese Chance nützen werden, damit wir wirklich zum Fortschritt des Friedens beigetragen haben.

Mögen Deutschland und Frankreich diese Freundschaft weiter pflegen. Was vor 60 Jahren undenkbar war, ist heute eine Wirklichkeit geworden.

So soll es stets bleiben.

Persönliche Erlebnisse zur Entwicklung der deutsch-französischen Freundschaft

Wie erlebte ich persönlich eine völlige Veränderung der Beziehungen zwischen den Nachbarn Frankreich und Deutschland nach dem Zweiten Weltkrieg?

Geboren 1933 in Freiburg im Breisgau und hier aufgewachsen, erlebte ich als junger Mensch in vielen persönlichen Begegnungen den großartigen und eindrucksvollen Wandel in den Beziehungen zwischen zwei zutiefst verfeindeten Nachbarn nach Ende des blutigen Zweiten Weltkrieges.

Am 20. April 1945 kamen die französischen Besatzungstruppen in das durch Luftangriffe schwer zerstörte Freiburg. Am östlichen Ortsausgang von Freiburg beim Gasthaus „Schiff“, wo sich unsere Wohnung befand, nahmen französische Panzer Aufstellung. Fremde, häufig dunkle Gesichter, unverständliche Kommandos, Plakatanschläge des Militärgouverneurs in deutsch und französisch zur Durchsetzung von Ausgehverboten während der Abend- und Nachtzeit, Sperrstunden für Strom, Gas und Wasser, waren die ersten sichtbaren Eindrücke. Für Verstöße gegen die Anordnungen waren harte Strafen angedroht.

Als positives Erlebnis der Besetzung durch französische Truppen bleibt in Erinnerung, dass die täglichen Fliegeralarme mit Bombenangriffen zu Ende waren. „Der Krieg und die tägliche Angst war für meine Familie zu Ende“. Insoweit bleibt bereits damals das Gefühl einer „Befreiung“. Das Ausmaß der Naziverbrechen war mir als

11-jährigem Jungen unbekannt und ich hatte das Glück, trotz Krieg, relativ wohlbehütet in kinderreicher Familie und gutnachbarschaftlichem sozialen und kirchlichen Umfeld, das Ende des Zweiten Weltkrieges zu erleben.

Die ersten Jahre der französischen Besatzungszeit in Freiburg waren geprägt durch Nahrungsmangel, kärgliche Lebensmittelkarten und Zwang zur Ablieferung von Kleidung und anderen Haushaltsgegenständen aus dem verbliebenen Bestand an die Behörden.

Im Lauf des Jahres 1945 nahmen die Freiburger Schulen wieder ihren Betrieb auf. Ich wurde am humanistischen Bertholdgymnasium angemeldet. Neben Latein begann es sofort auch mit dem Französisch-Unterricht. Nicht nur die Sprache, sondern auch französische Kultur, Geschichte und Mentalität sollte uns vermittelt werden. Auch das französische Zentral-Schulsystem bekamen wir zu spüren. 20 Punkte für die beste Schulleistung und 0 Punkte am anderen Ende der Bewertung war zunächst ungewohnt.

Mein Vater, der im Sommer 1945 aus Kriegsgefangenschaft zurückkehrte und politisch völlig unbelastet war, bekam von der französischen Militärregierung als Architekt den Auftrag, eine Villa in der Freiburger Innenstadt für Zwecke der französischen Kommandantur auszubauen. Diese Tatsache brachte meine Familie sehr schnell nach Kriegsende in Kontakt mit französischen Familien in Freiburg, darunter auch mit dem damaligen französischen Kulturattaché. Mein Vater war als überzeugter Europäer überzeugt, dass Verständigung mit Frankreich zuvorderst über menschliche Kontakte erreicht werden müsse. In diesem Zusammenhang ist vor allem auch das 1946 in Freiburg von der französischen Regierung ins Leben gerufene Institut Français zu nennen. Es war die erste Einrichtung dieser Art auf deutschem Boden. Dort wurden Sprach- und Konversationskurse in Ergänzung des Schulunterrichts angeboten, darüber hinaus aber auch kulturelle Angebote, eine französische Bibliothek, französische Zeitungen. Mein besonderes Interesse fand eine Theatergruppe, wo gleichsam spielerisch Sprache und französische Kultur nahe gebracht wurden. Die wertvolle Kooperation mit dem Freiburger Jugendbildungswerk schuf eine breite Plattform.

Es war von Anfang an ersichtlich ein besonderes Anliegen der französischen Regierung, neben der Strenge des Besatzungsregiments, den Deutschen französische Geschichte, Literatur, französische Lebensweise und Kultur zu vermitteln. Dieser Weg öffnete behutsam ein besseres Verstehen des Nachbarn und führte bereits frühzeitig in den ersten Besatzungsjahren zum Dialog.

Besonders wertvoll für die Verständigung waren der Schüleraustausch nach Frankreich und die Gegeneinladungen von Frankreich in die deutschen Familien. Die Schulen bemühten sich sehr, diesen Austausch frühzeitig ab Beginn der 50-er Jahre breit zu intensivieren. Das Interesse zum praktischen Erlernen der Sprache des Nachbarn, insbesondere in der Ferienzeit, war stark.

Meine vier jüngeren Schwestern lernten ebenfalls auf Freiburger Gymnasien Französisch und waren insgesamt auch in den Schüleraustausch nach Frankreich eingebunden. Dadurch entstand bereits in meiner Familie ein kleines „Netzwerk“ von dauernden Verbindungen, in die oft die Eltern wechselseitig einbezogen waren. Ich selbst konnte durch den Schüleraustausch Anfang der 50-er Jahre in eine Familie in die Nähe von Tarbes in den Pyrenäen gelangen. Alles war „fremdartig“. Der Vater meines Austauschpartners, ein Lehrer, ersparte mir bei aller Gastfreundschaft nicht, auch „heiße“ Diskussionen über die Zeit der Nazidiktatur in Deutschland zu führen. Auch dieses trug zum langsamen besseren Verstehen unseres Nachbarn bei. Auf dem Rückweg mit der Bahn nach Freiburg hatte ich mit 15 Jahren das große Glück, in jungen Jahren noch einen Abstecher nach Paris machen zu können.

Persönliche Kontakte zu jungen Franzosen und ihren Familien waren eine Hauptquelle der zunehmenden

Verständigung. Die bis weit in die 50-er Jahre gut gesicherten und kontrollierten Grenzen nach Frankreich waren für viele junge Menschen meiner Generation, über alle Parteigrenzen hinweg, frühzeitig Triebfeder für Aktionen zum Abräumen der Schlagbäume. Die Zeit war jedoch noch nicht reif!

Solche Erfahrungen haben zahlreiche junge Menschen am Oberrhein machen dürfen. Lange bevor die offizielle Politik in Verträgen Grundlagen für eine dauerhafte Zusammenarbeit schuf, waren es zahllose private Initiativen, die eine neue Plattform der Beziehungen zum französischen Nachbarn geschaffen haben.

Für mich persönlich gab es noch während meiner Schulzeit, vor dem Abitur, das schmerzhafte Erleben eines schweren Verkehrsunfalls mit einem Offizier der französischen Stationierungsstreitkräfte in Freiburg. Ich wurde dadurch gesundheitlich sehr zurückgeworfen. Ich durfte aber in der Krankenhauszeit erleben, dass sich der Offizier und seine gesamte Familie sehr persönlich um mich bemühten. Aus einer unglückseligen Begegnung ist eine lebenslange Freundschaft bis heute entstanden.

Zwischenmenschliche Beziehungen waren Anlass, die deutsch-französische Verständigung und heute entstandene Freundschaft immer weiter zu intensivieren. Diese Maßstäbe haben auch heute noch in der grenzüberschreitenden Zusammenarbeit ihre Gültigkeit.

Dr. Conrad SCHROEDER ✝

Expériences personnelles concernant l'évolution des relations franco-allemandes.

Comment ai-je vécu personnellement le changement total des relations entre la France et l'Allemagne, après la deuxième guerre mondiale ?

Né en octobre 1933 à Fribourg et ayant grandi ici, j'ai vécu, après la sanglante deuxième guerre mondiale, par de nombreuses rencontres, le magnifique et impressionnant changement dans les relations entre deux pays voisins, profondément ennemis.

Le 20 avril 1945, les troupes d'occupation françaises entrèrent dans Fribourg sérieusement détruit par les bombardements.

A la sortie de Fribourg, près du restaurant «Schiff», là où se trouvait notre logement, des chars français prirent position. Des visages étrangers, souvent de couleur bronzée, des ordres incompréhensibles, des affiches des gouverneurs militaires, en allemand et en français, imposant le couvre-feu dès la tombée de la nuit, des heures de coupure de courant, de gaz et d'eau. Ce furent les premières impressions visibles. Des sanctions sévères menaçaient les contrevenants.

L'élément positif de l'occupation par les troupes françaises, était l'arrêt des alertes quotidiennes, suivies de bombardements. La guerre et la peur au quotidien prirent fin pour ma famille. On avait l'impression d'une «libération». En tant que garçon de 11 ans, j'ignorais les crimes nazis et j'avais la chance, malgré la guerre de vivre dans un environnement «protégé», dans une famille nombreuse, dans un bon environnement de voisinage, social et religieux, la fin de la deuxième guerre mondiale.

Les premières années de l'occupation française à Fribourg, étaient imprégnées par le manque de nourriture, de maigres cartes d'alimentation et de l'obligation de remettre aux autorités les vêtements et les ustensiles ménagers restant en stock.

Dans le courant de l'année 1945, les écoles fribourgeoises reprirent leurs cours. J'étais inscrit au lycée Berthold. En plus des cours de latin, des cours de français débutèrent aussitôt. En dehors de la langue, la culture française, l'histoire et la mentalité des Français devaient nous être enseignées. Nous sentions le système central français de l'éducation nationale. La notation de 0 à 20 nous était inhabituelle au début.

Mon père, revenu de captivité et politiquement sans charge, fut chargé par le gouvernement militaire français, d'achever la construction d'une villa située au centre de Fribourg, pour les besoins de l'Etat-Major français. Par ce fait, ma famille eut très vite des contacts avec des familles françaises, entre autres avec l'attaché culturel de l'époque. Mon père, Européen convaincu, était persuadé que l'entente avec la France, devait en premier lieu se réaliser par des contacts humains. Dans ce même ordre d'idées, il faut citer tout d'abord la création en 1946 à Fribourg, par le gouvernement français, de l'Institut français. Ce fut la première institution de ce genre sur sol allemand. On y dispensait des cours de langue et de conversation, en complément des cours scolaires, mais on proposait également des activités culturelles, une bibliothèque française, des journaux français. Mon intérêt s'est particulièrement porté sur un groupe de théâtre, offrant en même temps, de façon ludique, l'étude de la langue et de la culture françaises. La première collaboration avec le centre d'éducation des jeunes, créa un large éventail d'activités.

Depuis le début, on voyait que c'était un souhait particulier de la part du gouvernement français, de transmettre aux Allemands, l'histoire de France, la littérature, l'art de vivre et la culture française. Cette façon de faire ouvrit avec précaution la porte vers une meilleure compréhension du voisin et mena déjà très tôt, dans les premières années d'occupation, vers le dialogue.

Les échanges d'écoliers avec la France étaient particulièrement précieux. Les écoles s'appliquèrent à intensifier, dès les années 50, ces échanges. L'intérêt d'apprendre la langue du voisin, en particulier pendant les vacances, était très grand.

Mes 4 plus jeunes sœurs apprirent également le français et étaient totalement engagées dans l'échange d'écoliers avec la France. Par ce biais, se créa dans ma famille un petit réseau de contacts durables, dans lesquels les parents étaient réciproquement engagés. Moi-même j'ai pu séjourner, grâce à ces échanges, dans une famille près de Tarbes dans les Pyrénées. Tout m'était étranger. Le père de mon correspondant, par ailleurs très accueillant, ne m'a pas épargné de «chaudes» discussions sur l'époque de la dictature nazie en Allemagne. Ces discussions favorisèrent la lente et meilleure compréhension du voisin. Sur le chemin de retour vers Fribourg, j'ai eu, à 15 ans, le grand bonheur de faire un crochet par Paris.

Des contacts personnels avec des jeunes Français et leurs familles furent le facteur principal vers une compréhension grandissante. Les frontières avec la France, bien contrôlées et sécurisées bien au-delà des années 50, devenaient pour beaucoup de jeunes de ma génération, un motif pour des actions en faveur de la suppression des barrières. Cependant, le moment n'était pas encore venu.

Beaucoup de jeunes du Rhin supérieur ont pu faire ces expériences. Bien avant que les politiques n'établissent par des traités et des contrats, les bases pour une collaboration durable. Ce sont les initiatives privées qui ont créé une nouvelle base pour les relations avec le voisin français.

Personnellement, je fus pendant ma scolarité, juste avant le baccalauréat, victime d'un grave accident de la circulation occasionné par un officier des troupes françaises à Fribourg. J'étais physiquement très handicapé. Pendant mon hospitalisation, l'officier et toute sa famille se sont occupés de moi. Par une tragique rencontre, est née une amitié à vie, qui dure encore aujourd'hui.

Ce furent les contacts entre les humains qui permirent d'intensifier toujours davantage la compréhension et aujourd'hui, l'amitié entre les deux peuples.

Ces règles sont encore d'actualité de nos jours, dans la collaboration entre les deux pays de chaque côté du Rhin.

Plus jamais ça !

Dès la fin de la deuxième guerre mondiale, germait l'idée d'une Union entre nos voisins du Rhin supérieur dont quelques kilomètres nous séparaient à peine. Aussi j'attendais avec impatience le moment de l'ouverture de la frontière franco-allemande pour traverser le pont du Rhin près de Chalampé.

Réunir nos deux peuples, comparer nos opinions, nos pensées, développer ensemble et avec spontanéité la philatélie, tel était mon but.

Pour moi, cette démarche était très importante, je voulais connaître à fond ce peuple qui avait envie de dominer le monde. J'étais persuadé que cela n'était pas chose facile, car à la suite des événements passés, les Allemands ne jouissaient pas vraiment d'une grande considération auprès des Français.

Or quelle ne fut pas ma surprise ! A la première rencontre avec des collectionneurs allemands, on a appris à se connaître, à s'estimer et à se respecter. Nos connaissances de la langue allemande, contribuaient tout naturellement à la compréhension réciproque. Au sein des associations de notre région, régnait de tous temps le sentiment d'une appartenance internationale et les philatélistes en particulier, cultivent de par leur hobby, l'esprit européen.

Il est un fait indéniable, que j'ose affirmer aujourd'hui, longtemps avant nos politiques nous avions repris des contacts d'amitié au-delà de nos frontières et cela nous était plus facile, grâce aux différents jumelages réalisés.

Que cette fraternité entre nos peuples se maintienne, tel est mon souhait le plus cher, afin que nos enfants, petits-enfants et autres, jouissent pleinement d'une paix durable. Que tous ensemble, nous participions à la construction d'une Europe Unie, dont la pierre fondamentale a été posée par

Robert Schuman, Président du Conseil français, auquel nous rendons un grand hommage, sans pour autant oublier le traité de coopération franco-allemand, signé le 22 janvier 1963, entre le Général de Gaulle, Président de la République Française et Konrad Audenauer, Chancelier de la République Fédérale d'Allemagne, consolidant ainsi l'échafaudage de notre Union.

Albert FILLINGER

Konrad Adenauer - Gal de Gaulle
Traité de l'Elysée 22 janvier 1963
Foto : Schäfer

Nie wieder Krieg !

Ende des Zweiten Weltkrieges keimte der Gedanke einer Union zwischen Frankreich und unseren Nachbarn des Oberrheins, von dem uns nur einige Kilometer trennten. So wartete ich mit Ungeduld auf die Öffnung der deutsch-französischen Grenze, um den Rhein bei Chalampé zu überqueren.

Unsere beiden Völker zusammen zu führen, unsere Ansichten, unsere Gedanken zu vergleichen, die Philatelie zusammen und mit Spontaneität zu entfalten, das war mein Ziel.

Für mich war dieser Schritt sehr wichtig, ich wollte dieses Volk, das die Absicht hatte, die Welt zu beherrschen, gründlich kennenlernen. Ich war überzeugt, dass es nicht einfach sein würde. Denn, infolge der vergangenen Geschehnisse, genossen die Deutschen nicht gerade grosses Ansehen bei den Franzosen.

Aber welch eine Überraschung! Beim ersten Zusammentreffen mit deutschen Sammlern lernten wir uns gegenseitig kennen, schätzen und achten. Unsere Kenntnisse der deutschen Sprache, trugen ganz natürlich zu einem gegenseitigen Verständnis bei. Im Rahmen der Vereine unserer Region herrschte von jeher das Gefühl internationaler Zugehörigkeit und besonders die Philatelisten pflegten durch ihr Hobby, den europäischen Geist.

Es ist eine unleugbare Tatsache, dass ich heute zu behaupten wage, lange vor den Politikern, haben wir es über die Grenzen hinweg geschafft freundschaftliche Kontakte aufzunehmen. Das war umso leichter, dank der beschlossenen Partnerschaften zwischen deutschen und französischen Städten.

Mein innigster Wunsch ist, das sich diese Brüderlichkeit zwischen den Völkern aufrecht erhält, damit unsere Kinder und Enkelkinder einen dauerhaften Frieden geniessen können. Wir sollten alle zusammen, an dem Aufbau eines Vereinten Europas mitwirken, von dem der Grundstein durch Robert Schuman, Ministerpräsident, den wir hoch verehren, gesetzt wurde, ohne dabei den deutsch-französischen Vertrag zu vergessen, der am 22 Januar 1963, zwischen General Charles de Gaulle, Präsident der Französischen Republik, und Konrad Adenauer, Kanzler der Bundesrepublik Deutschland, unterzeichnet wurde, der so unsere Union befestigte.

Meine Elsässischen Freunde

Ich möchte noch von der Bekanntschaft mit einem Elsässer berichten !!!

Er war während meiner Lehrzeit von 1941 bis 1943 Konditorgehilfe.

Er war von Schirmeck. Wir beide verstanden uns sehr gut. Er nahm mich einmal mit auf sein Zimmer in Emmendingen. An der Wand hing die französische Fahne. blau-weiss-rot. Dies war in der Nazizeit sehr gefährlich. Da er aber wußte, das ich kein Nazi war, hatte er keine Bedenken, daß ich ihn zur Anzeige bringen würde. Da unser Vesper im Betrieb nicht sehr reichhaltig war, bekam er aus dem Elsass von seiner Mutter eine Dose Schweineschmalz. Von diesem Schmalz durfte ich mir auch etwas auf mein Brot schmieren. Ich errinere mich noch an den Ausdruck von Lucien der sagte : im Elsass muss beim Essen von Sauerkraut (Sürkrüt) das Schweinefett einem rechts und links die Wangen herunter laufen.

Er wurde verwundet, konnte aber wieder nach Hause in das Elsass. In Schirmeck pachtete er das Hotel «Du Donon». Er heiratete und bekam eine Tochter und nun das zweite Wunder. Auch ich war zwischenzeitlich verheiratet. Meine Tochter Brigitte wurde am selben Tag wie Luciens Tochter am 15 Juli 1951 geboren.

Dass ich so viel Glück in dieser Zeit, auch noch bis heute haben durfte, verdanke ich nur der Führsprache einer Missionarsgroßmutter und ihrer Gebete.

Auch eine weitere Verbindung die noch heute besteht ist des berichtenswert.

In Waldkirch hatte ich mein erstes Geschäft : Eine Konditorei mit Kaffee Ich sammelte französische Briefmarken und alte Briefe aus Baden. Eines Tages schlug ich vor : die Sammler in mein Geschäft zu bitten, wir könnten dort uns mit unserem Hobby, dem "Briefmarkensammeln" treffen und unsere Erfahrungen austauschen. Auch bräuchte nicht jeder einen

Katalog zu kaufen. Dies hat aber manchen nicht gefallen. Sie wollten den Zusammenschluß unter einem eingetragenen Verein sehen. Zu diesem Verein kam es dann auch als der Freiburger Briefmarkenverein beabsichtigte sich auf dem Lande um Freiburg zu vergrößern. Der Vorstand wurde auf mich aufmerksam. Er sorgte noch einmal für eine Einladung zur Gründung der Untergruppe von Waldkirch. Nun mußte ein Leiter her, der diese Gruppe leitete. Ich wurde für diesen Posten auserwählt.

Auf die Initiative des Mülhausener Vereinsvorsitzenden Herrn Fillinger, wurden die Briefmerkensammler im Dreiländereck, aus Basel, aus Freiburg und aus Mülhausen zu einem Treffen eingeladen. Bei diesem Treffen war ich dabei und lernte Herrn Fillinger kennen. Ich bat ihn, mir französische Armeebriefe zu besorgen, von Soldaten, die über Baden nach Deutschland einmarschierten. Dies sagte er mir zu. Und so ist es zu einer jahrelangen Freundschaft zwischen Albert und mir gekommen. Er übersetzte mir die Briefe ins deutsche. Dabei muß es ihn gekitzelt haben. Er sammelte dasselbe Gebiet und ist mir zwischenzeitlich weit überlegen.

Fritz HIRSMULLER

Mes amis alsaciens

J'aimerais relater ici mon amitié avec un Alsacien. C'était de 1941 à 1943 pendant mon apprentissage d'apprenti-pâtissier. Il était de Schirmeck, (Alsace) et nous nous entendions très bien. A Emmendingen (Allemagne), il m'emmena un jour dans sa chambre. Le drapeau tricolore français était suspendu au mur, ce qui était très dangereux en cette période de régime nazi. Comme il savait que je n'étais pas nazi, il n'était pas inquiet, il savait que je ne le dénoncerai pas. Notre casse-croûte n'étant pas très copieux, sa mère lui envoyait d'Alsace un paquet de saindoux. Je pouvais également en tartiner mon pain. Je me souviens encore d'une réflexion de Lucien : Chez nous en Alsace, la choucroute doit être bien grasse.

Pendant mon apprentissage Lucien fut blessé et pouvait retourner chez lui en Alsace. Il prit en gérance l'Hôtel du Donon. Il se maria et eut une fille. Moi-même je me suis marié entre temps et, ô miracle, ma fille Brigitte est née le même jour que la fille de Lucien, le 15 juillet 1951.

Je crois que je dois aux prières de la grand-mère d'un missionnaire, d'avoir eu autant de chance à cette époque.

Une autre amitié avec un Alsacien, qui dure encore aujourd'hui, mérite d'être relatée.

J'avais ouvert ma première pâtisserie et salon de thé à Waldkirch (Allemagne). Je collectionnais des timbres français et des lettres anciennes du pays de Bade. Un jour j'ai proposé aux autres collectionneurs de nous rencontrer dans mon magasin. Nous pourrions alors échanger nos expériences de collectionneurs. L'achat d'un catalogue n'était pas exigé. Cette proposition n'a pas plu à tous. Ils voulaient figurer sous une association déclarée. Cette association fut effectivement créée lorsque l'Association Philatélique de Fribourg a eu l'intention de s'étendre à la région autour de Fribourg. L'attention du comité se porta sur moi. Ils m'invitèrent à la création d'un sous-groupe à Waldkirch. Il fallait un responsable pour diriger ce groupe et je fus choisi pour ce poste.

C' est à l' initiative du Président de l' Association Philatélique de Mulhouse, Albert Fillinger, qu' une rencontre eut lieu dans la région des trois frontières, entre les philatélistes de Bâle, de Fribourg et de Mulhouse. C' est lors de cette rencontre que j' ai fait la connaissance d' Albert. Je l' ai prié de me procurer lors d' une vente aux enchères en France, les lettres de l' armée française qui entra en Allemagne par Baden, mon domaine de collection. Il accepta et c' est ainsi qu' une amitié de plusieurs années est née entre Albert et moi-même, amitié qui dure encore aujourd' hui. Il me traduit les lettres en allemand. Albert collectionne lui-même les mêmes thèmes et m' a entre temps, largement surpassé.

******

Bericht über eine deutsch-französische Freundschaft in guten und in schlechten Zeiten!

Dieter Lösch, 1943 im badischen Hartheim/Rhein geboren und aufgewachsen, wohnt bis heute, 2007, mit seiner Familie in seinem Heimatort, und berichtet über die letzten beiden Kriegsjahre.

Seine beiden älteren Brüder, Herbert geboren 1933 und Erich 1936 geboren, und seine ein Jahr jüngere Schwester Renate, fuhren öfters schon in ihrer Jugend mit der Großmutter zu einer befreundeten Familie, den Schopferers, die im Dorf Geiswasser im Elsass wohnten.

Die Großmutter und die befreundeten Schopferers lebten und arbeiteten jeweils auf den eigenen bäuerlichen Höfen, diesseits und jenseits der Grenze.

Im Jahr 1944 wurde die Bevölkerung von Hartheim, somit auch die Großmutter Rosalia Imm mit ihrer Tochter

Berta Lösch, Mutter des Dieter Lösch und dessen Brüdern und der Schwester, in das nicht so grenznahe Ehrenstetten evakuiert. Vater Albert Lösch war Soldat und kehrte nach Kriegsende nicht nach Hause zurück.

Er war in russischer Gefangenschaft geraten und die Familie wusste nicht, ob und wann er wieder zurückkehren würde.

Für die Familie war das eine sehr schwere Zeit. Nach dem Krieg bewirtschaftete Berta Lösch mit ihrer Mutter den elterlichen Hof alleine. Ihre beiden Brüder Karl und Franz Imm sind in Russland gefallen.

Endlich im Frühjahr 1949 erhielt die Mutter einen Telefonanruf, sie erfuhr von der Entlassung ihres Mannes aus der Kriegsgefangenschaft, und dass er mit dem Zug in Bad Krozingen ankommt.

Zu Fuß machte sich die Mutter mit den Kindern auf den Weg nach Krozingen, um den heimkehrenden Vater abzuholen.

Viele Stunden warteten sie am Bahnhof, bis endlich die Mutter ihren Mann, unseren Vater, im ankommenden Zug entdeckte. Endlich hatte sie ihren Mann und wir unseren Vater wieder! Die Freude war groß, die beiden jüngsten Kinder hatten den Vater bisher noch nie gesehen.

Gemeinsam ging es zu Fuß nach Hause zurück.

In der Besatzungszeit sahen sich die befreundeten Familien Imm, Lösch und Schopferer trotz Schwierigkeiten so oft wir möglich.

Nach Kriegsende fuhr man mit dem Fahrrad zu den elsässischen Freunden nach Geiswasser, Großmutter hatte immer ein Kind auf dem Gepäckträger, vielmals auch zwei, es gab auch Tage, an denen man zu Fuß ins Elsass ging. Für uns Kinder waren dies immer sehr schöne Tage, wenn wir auf Besuch oder sogar in den Ferien nach Geiswasser durften, denn wir hatten unsere Freunde dort.

Zwischen uns und den Freunden aus Geiswasser war der Krieg kein Thema, wir alle waren froh und glücklich, wenn wir uns treffen konnten.

Bis heute hat die Familie Lösch Kontakt mit den Schopferers in Geiswasser. Drei Generationen haben trotz des Krieges Freundschaft gepflegt und zusammen gehalten. In jüngster Zeit kamen noch neue Freundschaften mit Menschen aus Fessenheim dazu. Fessenheim ist Partnergemeinde von Hartheim und Dieter Lösch ist Mitbegründer der Jumelage Hartheim-Fessenheim.

Ein Höhepunkt der Partnerschaft Hartheim-Fessenheim war Samstag der 20. Mai 2006 mit der Einweihung der Rheinbrücke Hartheim-Fessenheim in Anwesenheit hoher französischer und deutscher Repräsentanten.

Dieter LÖSCH

Récit d'une amitié franco-allemande dans les bons et les mauvais jours

Dieter Lösch, né en 1943 à Hartheim (Bade) où il a été élevé et où il habite jusqu'à ce jour (2007) avec sa famille, relate les deux dernières années de la guerre et au delà.

Ses deux frères aînés Herbert, né en 1933 et Erich, né en 1936, ainsi que sa sœur Renate, d'un an sa cadette, se rendirent souvent avec leur grand-mère dans une famille amie, les Schopfer à Geiswasser, en Alsace. La grand'mère et les amis Schopfer vivaient et travaillaient respectivement dans leur ferme des 2 côtés de la frontière.

En 1944, la population de Hartheim, dont la grand-mère Rosalie Imm et sa fille Berta Lösch, mère de Dieter Lösch, ont été évacués à Ehrenstetten, situé un peu plus loin de la frontière.

Le père, Albrecht Lösch, était soldat. Il n'est pas revenu de la guerre. Il fut fait prisonnier par les Russes et la famille ignorait s'il allait revenir.

Ce fut une dure période pour la famille. Après la guerre Berta et sa mère exploitèrent seules la ferme. Les deux frères Karl et Franz sont tombés en Russie.

Enfin, au printemps 1949, la mère eut un appel téléphonique lui annonçant la libération de captivité de son mari et son arrivée par le train. Ma mère partit à pied avec ses enfants, jusqu'à Krozingen afin d'accueillir son mari. Ils attendirent pendant des heures sur le quai de la gare, avant que la mère ne vit son mari dans le train. Enfin elle avait de nouveau son époux et nous notre père ! La joie fut grande, les deux plus jeunes enfants n'avaient jamais vu leur père. Ensemble nous retournions à pied à la maison.

Pendant l'occupation, les familles Imm, Lösch et Schopfer se rencontrèrent aussi souvent que possible malgré les difficultés.

Après la guerre nous allions à bicyclette chez nos amis alsaciens. Grand-mère avait toujours un enfant sur le porte-

bagages et souvent deux. Il y eut des jours où nous allions à pied. Pour nous, ce furent toujours de belles journées, lorsque nous pouvions aller en visite, ou même en vacances à Geiswasser, parce que nous avions nos amis là-bas.

Entre nous et nos amis de Geiswasser, la guerre ne faisait pas partie de nos discussions. Nous étions tous contents et heureux, lorsque nous pouvions nous rencontrer.

La famille Lösch a jusqu'à ce jour entretenu des contacts avec la famille Schopfer. Trois générations ont, malgré la guerre, maintenu cette amitié.

Depuis peu, d'autres amitiés se sont établies avec des habitants de Fessenheim qui est jumelée avec Hartheim. Dieter Lösch est le co-fondateur de ce jumelage.

Le point d'orgue de ce jumelage a eu lieu le samedi 20 mai 2006 avec l'inauguration du pont sur le Rhin entre Hartheim et Fessenheim, en présence de hauts représentants français et allemands.

******

Eine Freiburgerin erzählt : Familienleben über die Grenze hinweg in Frankreich und in Deutschland

„Mein Onkel Wilhelm wurde 1872 als Geometer ins Elsass versetzt. Er gründete eine Familie, mit der er an verschiedenen Orten im Unterelsass lebte.

Seine 10 Kinder wuchsen im Elsass auf. 1919 kehrte Onkel Wilhelm mit seiner Familie wieder nach Freiburg zurück. Seine Söhne und Töchter lebten in Deutschland. Die Tochter Emma jedoch blieb mit ihrem Gatten, einem echten Elsässer, in Höllschloch/Merzwiller.

Kontakte zwischen den Familien gab es immer wieder. Jedoch die Teilnahme an der Goldenen Hochzeit der Schwiegereltern in Deutschland im Jahre 1934 lehnte Onkel Georges strikt ab. Mit „Hitlerdeutschland“ wollte er nichts zu tun haben. Erst nach 1945 begann wieder ein reges gegenseitiges Besuchen, besonders mit der jüngeren Generation.

Eine herzliche Freundschaft verband mich mit Cousine Lilotte, die nun in Paris lebte. Gegenseitige Besuche bereiteten viel Freude. Die Trauerfeier für Lilotte hielt der Pfarrer in französischer und deutscher Sprache – ein Symbol für die gegenseitige Verbundenheit.“

Irene SCHLEMPP

Une Fribourgeoise raconte la vie de famille de chaque côté de la frontière en Allemagne et en France

Mon oncle Wilhelm, géomètre, a été muté en 1872 en Alsace. Il fonda une famille avec laquelle il a vécu à plusieurs endroits dans le Bas-Rhin. Ses 10 enfants ont été élevés en Alsace. En 1919, mon oncle revint à Fribourg avec sa famille. Ses fils et ses filles vécurent en Allemagne. Cependant sa fille Emma vivait avec son mari, un Alsacien de souche, à Hoelschloch-Merzwiller. Les deux familles sont toujours restées en contact, pourtant, en 1934, l'oncle Georges refusa d'assister aux Noces d'Or de ses beaux-parents. Il ne voulait avoir aucun contact avec l'Allemagne d'Hitler. Ce n'est qu'en 1945, que les visites réciproques reprirent, surtout avec la jeune génération.

Une amitié affectueuse me lia à ma cousine Lilotte, qui habitait Paris. Des visites réciproques nous donnèrent beaucoup de joies.

La cérémonie religieuse pour les obsèques de Lilotte fut célébrée en français et en allemand. Un symbole de cette alliance franco-allemande.

L'amitié franco-allemande née des jumelages

Nous sommes dans les années 1960. La guerre est loin et les blessures qu'elle a engendrées, sont presque guéries. Les belligérants d'hier tentent de se rapprocher, afin d'éviter de nouveaux conflits. C'est dans cet esprit que les jumelages entre villes françaises et allemandes ont vu le jour. Le hasard m'a donné l'occasion et la chance d'être membre d'un de ces comités de jumelage entre une ville française du département de l'Yonne et une ville allemande non loin de Stuttgart. Résidant dans les années 60 à Strasbourg, ville frontière et passage obligé pour les deux groupes pour rallier leur ville jumelle, il m'était facile de les rejoindre à leur arrivée à la frontière. J'avais pour mission de les accompagner et de leur servir d'interprète, les uns et les autres ne maîtrisant que très rarement à cette époque là, la langue du pays voisin. Les traductions n'étaient pas toujours faciles et me posaient de temps en temps des problèmes, suivant qu'il s'agissait de groupes d'agriculteurs, de sportifs, de musiciens ou autres artistes. Imaginez une citadine strasbourgeoise, au milieu d'agriculteurs qui expliquaient à leurs collègues français ou allemands, les nouvelles méthodes d'insémination artificielle des vaches, de traite automatique, de la puissance de nouveaux tracteurs, de différentes variétés de pommes de terre, etc..., ou de commenter un match de foot auquel je ne connaissais strictement rien ! Heureusement avec quelques astuces, j'arrivais à m'en sortir. J'étais beaucoup plus à l'aise avec les groupes de musiciens, littéraires, et autres artistes. Les citations de Victor Hugo ou de Friedrich von Schiller, ne me posaient aucun problème, mais les vaches, le foot... quel casse-tête !

Les visiteurs de la ville jumelée étaient logés chez l'habitant et j'intervenais également chez les familles d'accueil, lorsque la compréhension s'avérait difficile.

Une année, j'accompagnais un groupe d'Allemands à Verdun où nous devions rejoindre le groupe français. Après le plaisir des retrouvailles, certains se connaissaient déjà, Français et Allemands se sont trouvés devant l'ossuaire de Douaumont et devant l'immense cimetière où reposaient côte à côte, sous cette même terre brûlée, des jeunes soldats allemands et français. Dans un silence total, l'émotion était palpable, des larmes coulaient sur les visages de ces ennemis d'hier. Des mains se cherchaient et se serraient. On pouvait deviner la question que chacun se posait : «Pourquoi, après cette guerre tellement meurtrière, une nouvelle guerre a-t-elle pu une fois encore, ensanglanter le monde». Les amitiés qui se sont nouées ce jour là à Verdun, entre ces Français et ces Allemands, seront certainement solides et durables, parce que nées sur ce lieu de mémoire et de souvenir.

Cette journée fut pour moi l'un des temps forts de ces années 60. Ces jumelages ont largement contribué au rapprochement entre ces deux peuples et ont démontré l'absurdité de ces guerres entre nos deux pays. En se fréquentant nous nous apercevons que nous sommes deux peuples cultivés, qui ne demandent qu'à vivre en harmonie avec le voisin d'outre-Rhin. Aujourd'hui la langue ne représente plus une barrière et nous comptons sur notre jeunesse, qui n'a pas connu la guerre, pour consolider ces liens d'amitié tissés par leurs anciens. Ils sont les garants de la paix en Europe.

Pour moi, ces années auprès de ces villes jumelées étaient les plus enrichissantes et plus de 40 ans après je garde encore le souvenir de ces moments d'amitié naissante, de joie et d'intense émotion.

Alice SCHMITT

Deutsch-Französische Freundschaft

Es war in den 60. Jahren. Der Krieg war längst vorbei, und die Wunden die er erzeugt hatte, so weit geheilt. Die Feinde von gestern versuchten sich näher zu kommen und sich zu versöhnen, um neue Konflikte zu vermeiden. So entstanden die Partnerschaften zwischen französischen und deutschen Städten.

Durch Zufall hatte ich die Gelegenheit und das Glück, einem Partnerschaftkomitee anzugehören. Es war eine Verbrüderung zwischen einer französischen Stadt aus dem Département der Yonne und einer deutschen Stadt in der Nähe von Stuttgart. Da ich damals in Staßburg wohnte, und die Busse beider Städte dort die Grenze überschreiten mussten, war es mir leicht, den einen oder anderen Bus an der Grenze zu besteigen. Ich sollte als Dolmetscherin die verschiedenen Gruppen begleiten, da man zu dieser Zeit die Sprache des Nachbarn noch nicht beherrschte. Aber trotz meiner guten Kenntnis der deutschen Sprache, bereiteten mir die Übersetzungen manchmal Schwierigkeiten, je nachdem ich Sportler, Grossbauern, Schüler, Musiker oder andere Artisten begleitete. Das war der Fall bei einer Fahrt mit Landwirten aus der deutschen Stadt nach Frankreich. Sie erklärten Ihren französischen Kollegen, die Neuigkeiten der künstlichen Befruchtung der Kühe, der automatischen Melkgeräte, die Leistungen der neuen Traktoren, oder sie sprachen über die verschiedenen Kartoffelsorten usw. Wir gingen durch die Felder, besuchten Kuhställe, alles war mir völlig fremd . Ich hatte überhaupt keine Ahnung von Landwirtschaft. Trotzdem, mit guter Laune allerseits, habe ich es geschafft. Dieselben Schwierigkeiten traten wieder ein bei einer Begleitung eines französischen Fussballklubs nach Deutschland. Auch vom Fussball hatte ich keine Ahnung, aber wie durch ein Wunder, wusste ich mir auch hier zu helfen. Viel wohler war es mir mit Musikern, Artisten, Schriftstellern. Bei Zitaten von Friedrich von Schiller oder Victor Hugo hatte ich keine Probleme, aber Kühe, Fussball... welch ein Kopfzerbrechen !

Die Gäste der Partnerstadt waren jeweils bei den Einwohnern untergebracht, so wurde ich auch öfters zu den Familien gerufen, wenn es mit der Verständigung etwas schwierig wurde.

Ich erinnere mich besonders an einen Tag als ich einen deutschen Bus nach Verdun begleitete, um dort eine Gruppe der französischen Partnerstadt zu treffen. Nach der Freude des Wiedersehens, (manche kannten sich bereits), standen beide Gruppen vor dem Beinhaus von Douaumont und vor dem riesigen Friedhof, wo deutsche und französische junge Soldaten jetzt unter derselben Erde ruhten. Es herrschte eine bedrückende Stille und die Erregung war greifbar. Tränen waren in den Augen dieser Feinde von gestern , ihre Hände suchten und drückten sich. Man konnte ahnen welche Frage sich alle stellten : «warum konnte nach einem so mörderischen Krieg, wieder ein neuer Krieg die Menschheit in ein schreckliches Unheil stürzen ?» Ich bin davon überzeugt, dass die Freundschaften, die sich hier in Verdun, an diesem Tag, geschlossen haben, lange Jahre bestehen werden, weil sie an diesem Ort der Erinnerung und des Gedenkens entstanden sind.

Dieser Tag war auch für mich, einer der eindrucksvollsten Tage der 60. Jahren. Die Partnerschaften zwischen deutschen und französischen Städten haben wesentlich dazu beigetragen, die Beziehungen zwischen den beiden Völkern zu verbessern und haben die Absurdität dieser Kriege dargelegt. Indem man sich besser kennenlernt, war jedem klar geworden, dass wir zwei kultivierte Völker sind, die wünschen in bester Harmonie mit dem Nachbarn zu leben. Heute ist die Sprache kaum noch ein Hindernis, und wir zählen auf unsere Jugend, um diese Freundschaftsbande zu befestigen, die ihre Vorfahren mit sehr viel Mühe geknüpft haben. Sie sind die Garanten des Friedens in Europa.

Für mich waren diese Jahre mit den beiden Partnerstädten eine Bereicherung, und mehr als 40 Jahre später, behalte ich noch die Erinnerung an diese aufkeimende Freundschaft, an die Freude des Zusammenseins und an die tiefen Empfindungen die wir zusammen erlebt haben.

Badisch-Elsässisches Landwirtschaftskomitee

Der Oberrhein trennte über Jahrhunderte, als Staatsgrenze zwischen Deutschland und Frankreich, damit auch den badischen Landesteil und das Elsass von einander. Dadurch wurden beide Regionen als Kriegszonen erklärt, mit der Folge, dass in beiden Regionen keine größere industrielle Entwicklung stattfinden konnte.

Das Elsass und Baden haben die gleichen Strukturen in ihren ländlichen Räumen, sowie auch in den Verdichtungsräumen ihrer Städte im Elsass wie Mulhouse, Colmar und Straßburg und in Baden von Müllheim, Freiburg bis Offenburg. Die Strukturen beiderseits, von den Vogesen bis zum Schwarzwald, sind identisch und in ihrer Vielfalt und Eigenart nicht zu übertreffen.

Die Agrarstrukturen des Elsass unterscheiden sich gravierend von denen im Pariser Becken und die badischen von denen in Schleswig-Holstein. Außerdem ist unsere Region am Oberrhein ein gemeinsamer alemannischer Sprachraum.

Nach der Gründung der Europäischen Wirtschaftsgemeinschaft und der damit verbundenen gemeinsamen Agrarpolitik, haben die damaligen Repräsentanten der elsässischen und badischen Bauernverbände das „Badisch-Elsässische Landwirtschaftskomitee" gegründet. Bei den gemeinsamen Zusammenkünften wurden Stellungnahmen erarbeitet, die unsere Interessen, begründet durch unsere kleinbäuerlichen Strukturen, in Brüssel bei den Entscheidungen der EU-Kommission besser berücksichtigten.

Die Einflussnahme auf die Entscheidungen in Brüssel war in vielen Fällen erfolgreich.

1985 fand eine mächtige gemeinsame Demonstration gegen eine nicht zumutbare Preisentscheidung der EU Kommission in Straßburg und Kehl auf der Rheinbrücke statt. Über 5 000 Bäuerinnen und Bauern diesseits und jenseits des Rheins haben sich unter meiner Leitung als damaliger Präsident des Badischen Landwirtschaftlichen Hauptverbandes beteiligt. Brüssel hat daraufhin die Entscheidung rückgängig gemacht.

Das Landwirtschaftskomitee tagte viermal jährlich diesseits und jenseits des Rheins. Es waren Frauen und Männer, die den schrecklichen Zweiten Weltkrieg erlebt hatten und von denen einige unter dem Naziregime sehr zu leiden hatten.

Zum Beispiel Lambert Schill aus Merzhausen, den die Nazis aus allen Ämtern vertrieben und 1945 für einige Zeit im Gefängnis mit Elsässern in Freiburg eingesperrt hatten. Lambert Schill war nach dem Zweiten Weltkrieg Landwirtschaftsminister und der erste Präsident des Badischen Landwirtschaftlichen Hauptverbandes mit Sitz in Freiburg.

Auf der hauptamtlichen Ebene waren es Männer wie Dr. Clemens Seiterich vom BLHV und Herr Müller als Geschäftsführer der Landwirtschaftskammer in Colmar, die die Zusammenkünfte organisiert haben.

Bei unseren Nachbarn im Elsass waren es Persönlichkeiten wie der langjährige Oberbürgermeister von Colmar, Josef Rey, oder, aus dem landwirtschaftlichen Kammerbezirk von Mulhouse, Herr Steib, und viele andere Persönlichkeiten, die maßgeblich dazu beigetragen haben, Europa über Staatsgrenzen hinweg in der regionalen Zusammenarbeit zu festigen und auszubauen.

Wichtiger als die politische Zusammenarbeit ist die Tatsache, dass über die Jahrzehnte lang stattgefundene Zusammenarbeit viele Partnerschaften und Freundschaften entstanden sind. Die vielen menschlichen Begegnungen bei den Zusammenkünften waren entscheidend für die weitere Integration der europäischen Gemeinschaft.

Ludger REDDEMANN

Comité agricole Bade-Alsace

Le Rhin, frontière naturelle depuis des siècles entre la France et l'Allemagne sépare le Pays de Bade et l'Alsace. De ce fait, les deux régions étaient considérées comme zone de conflits avec comme conséquences que l'industrie se développait moins vite qu'ailleurs.

L'Alsace et le Pays de Bade ont les mêmes structures dans leur région respective avec une concentration urbaine particulière à Mulhouse, Colmar et Strasbourg, comme dans le Pays de Bade à Müllheim, Fribourg jusqu'à Offenbourg. Ces structures des deux côtés du Rhin des Vosges jusqu'à la Forêt Noire sont identiques dans leur diversité et leur originalité.

La réforme agraire de l'Alsace se différentie de celle conduite dans le bassin parisien et celle du Pays de Bade, dans le Schleswig-Holstein. En outre, nos régions sont liées par un dialecte d'origine alémanique. Après la création de la PAC européenne, les représentants des deux fédérations agricoles ont créé le «Comité Agricole Bade-Alsace». Lors de nombreuses rencontres communes, les responsables ont élaboré un projet dans l'intérêt des petites exploitations agricoles qui devait influencer les décisions de la Commission européenne de Bruxelles. Cette démarche commune a pesé avec succès sur les décisions qui ont été prises à Bruxelles.

En 1985, une importante manifestation commune contre les prix bas proposés par l'Union Européenne rassemblait sur le pont du Rhin entre Strasbourg et Kehl, plus de 5 000 paysans. La Fédération générale agricole du Pays de Bade, que je présidais, a participé à ce rassemblement. Grâce à cette manifestation, Bruxelles a annulé sa décision. Le Comité agricole se réunissait quatre fois par an alternativement de chaque côté du Rhin. C'était des femmes et des hommes qui avaient vécu les terribles années de la deuxième guerre mondiale et qui avaient beaucoup souffert sous le régime nazi.

Par exemple, Lambert Schill de Merzhausen que les nazis ont chassé de tous les postes à responsabilité et qui en 1945, a fait de la prison à Fribourg avec des Alsaciens.

Après la guerre, Lambert Schill a occupé le poste de Ministre de l'Agriculture et de 1er Président de la Fédération agricole du Pays de Bade à Fribourg. Parmi les personnalités siégeaient des hommes tels que : Dr Clemens Seiterich du BLHV et Monsieur MULLER comme Directeur de la Chambre d'Agriculture à Colmar qui ont organisé les rencontres.

Chez nos voisins en Alsace, les personnalités étaient représentées par Joseph REY, maire de Colmar ou le représentant de la Chambre Agricole Monsieur STEIB. De nombreuses autres personnes ont contribué à la construction de l'Europe par-dessus nos frontières et consolidé nos relations bilatérales.

Plus important que les démarches politiques, est le fait que pendant des décennies de nombreux jumelages ont été réalisés entre nos deux pays. Toutes ces rencontres ont facilité l'ingration de l'Union Européenne.

Meine persönlichen Erinnerungen zum Kriegsende und zur Nachkriegszeit, ein Beitrag zur deutsch-französischen Freundschaft.

Nach dem Angriff auf Freiburg am 27.11.44 mit über 3000 Toten in 20 Minuten, wurden meine Schwester mit vier Kindern, die vorher schon die Bombenangriffe auf Köln erlebt hatten, und ich per offenem Lastwagen, zwischen Milchkannen und Tieffliegerangriffen im Elztal, nach Furtwangen evakuiert. Als die französischen Truppen immer näher kamen, verlangten meine Pflegeeltern von mir, dass mein Jungmädelausweis nebst Knoten, Tuch und Kleidung im Küchenherd verbrannt wurden. Ich war damals 13 Jahre alt und war fassungslos was da geschah. Ende April, bei Kälte und Schnee, zogen die Marokkaner per Pferd in ihren Gewändern in Furtwangen ein. Es gab keinen Widersand. Die Besatzung lebte in Zelten ganz in unserer Nähe, am Eingang von Furtwangen, auf Wiesen. In den Wäldern ringsum lebten deutsche Soldaten, auch HJ-Kinder und der Volkssturm, also alte Männer, die teilweise schon im 1. Weltkrieg gekämpft hatten. Alle waren sie eingekesselt von den Franzosen, denn sie wollten nicht in Gefangenschaft geraten, sondern nur auf irgendeine Art nach Hause gelangen. Auch die Marokkaner, meist Familienväter, sehnten sich nach Hause zu ihren Familien. Es gab aber auch solche, die plünderten und vergewaltigten. Deshalb wurde ich von meinen Pflegeeltern im Haus behalten, damit mir nichts passierte. Nach dem 8. Mai konnte ich wieder mit einem Milchkannenlastwagen nach Freiburg zurückkommen.

Meine Eltern lebten all die Zeit in Freiburg. Mein Vater war der einzige Kinderarzt in Freiburg, denn alle Ärzte waren eingezogen. Als die Besatzer nach Freiburg kamen, hängte mein Vater an die Haustüre ein Schild, dass der Eigentümer englischer Staatsangehöriger sei und in

Südafrika lebte. Eigentümer war das Ehepaar Seiler, das Freiburg verlassen musste. Es waren die späteren Stifter der Franz - Xaver - und Emma Seiler - Stiftung. Unser Haus sollte Ortskommandantur werden und so mussten unsere Nachbarn die Besatzung aufnehmen. Beide Familien waren befreundet.

Meine Mutter sprach fließend französisch durch ihre Pensionatszeit von 1914 und konnte die französische Küche anbieten. So kochte sie lange für die französischen Offiziere, und wir litten in beiden Häusern nicht an Hunger. Denn der Hunger war das Schlimmste in dieser Zeit. Als Kinderarzt hat mein Vater damals viel Elend gesehen in den Familien, beispielsweise Hungerödeme bei Kindern und andere Krankheiten. Er war auch mit der Verzweiflung der Mütter konfrontiert.

Später, als die französischen Familien nachzogen, kamen deren Kinder auch zu meinem Vater, wenn der Militärarzt nicht helfen konnte. Auch mein Vater sprach französisch, da er in Straßburg 1910 seinen Facharzt für Kinderheilkunde abschloss. 1917/18 versorgte er als Militärarzt bei Heidelberg ein französisches Kriegsgefangenenlager, in dem er sich eine schwere Tuberkulose holte und diese nach dem Krieg ausheilen musste.

Ich selbst habe seit 1947, 40 Jahre im Bachchor gesungen. Schon 1961 war unser erstes Konzert in Besançon, der Partnerstadt von Freiburg. Zwei weitere Konzerte folgten. Drei Konzerte gaben wir seit 1961 in Guebwiller in der Eglise des Dominicains. Diese Konzerte gibt es heute noch. Ferner folgten zwischen 1961 und 1970 drei Konzerte in Paris in der Salle Pleyel und im Rundfunk, drei Konzerte in Metz und drei Konzerte im Straßburger Münster. Anfang der 60-er Jahre erhielt unser Chorleiter, Theodor Egel aus Müllheim, vom französischen Premierminister die Ernennung zum Ritter im Order der "Palmes Académiques". Damit wurde auch unser Chor geehrt. Für uns war das ein Bedürfnis, zur

Völkerverständigung beizutragen. Am 11.10.80 erhielt Professor Theodor Egel in der Abteikirche in Ottmarsheim den Oberrheinischen Kulturpreis für seine Verdienste mit dem Freiburger Bachchor länderübergreifend. Professor Beuerle, der Nachfolger, hat mit dem Bachchor, zusammen mit dem Chor der Kathedrale St. Martin in Colmar mit seinem Dirigenten Herrn Roth, in Colmar und Freiburg gemeinsame Konzerte gegeben ab den 90 er Jahren.

60 Jahren nach Kriegsende stellten wir immer wieder fest, die Völkerverständigung geht von den Menschen aus aller Welt aus, durch Begegnungen.

Sigrid RUDOLPH

Souvenirs personnels de la fin de la guerre, de l'après guerre et ma contribution à l'amitié franco-allemande

Après le bombardement de Fribourg le 27 novembre 1944, avec plus de 3 000 morts en 20 minutes, ma sœur et ses 4 enfants, qui avaient déjà subi le bombardement de Cologne, et moi-même furent évacués à Furtwangen.

Nous voyagions dans un poids lourd découvert entre des bidons de lait et subissions les attaques des avions qui volaient en rase motte. Lorsque les troupes françaises se rapprochaient toujours davantage, mes parents adoptifs me demandaient de brûler dans la cuisinière ma carte de membre de l'organisation de jeunesse ainsi que mon uniforme. J'étais décontenancée face à ce qui se passait. J'avais 13 ans à l'époque. Fin avril, sous la neige et le froid, des soldats marocains à cheval, vêtus de leurs uniformes traditionnels, entrèrent dans Furtwangen. Il n'y eut pas de résistance. Les troupes vivaient sous des tentes, tout près de chez nous, sur des prés, à l'entrée de Furtwangen. Dans les forêts alentour, vivaient les soldats allemands. Des jeunes de la Jeunesse Hitlérienne, incorporés de force dans les SS ainsi que des hommes dont certains avaient déjà combattu lors de la Première Guerre Mondiale. Ils étaient tous encerclés par les Français et ne voulaient pas être faits prisonniers. Ils voulaient rentrer chez eux par n'importe quel moyen.

Les Marocains étaient corrects. Ils étaient pour la plupart père de famille. Ils désiraient eux aussi rentrer chez eux, néanmoins il y eut des viols et des pillages. Pour me protéger, mes parents adoptifs préféraient me garder à la maison.

Après le 8 mai, j'ai pu retourner à Fribourg, toujours dans un poids lourd chargé de bidons de lait. Mes parents étaient restés pendant tout ce temps à Fribourg. Mon père était le seul pédiatre dans cette ville, car tous les médecins étaient mobilisés. Lorsque les occupants arrivèrent à Fribourg, mon père accrocha une pancarte à la porte indiquant que le propriétaire était un citoyen anglais et qu'il vivait en Afrique du Sud. Les propriétaires étaient les époux Seiler, qui ont dû quitter Fribourg. Plus tard, ils étaient les donateurs de la Fondation du St Esprit. Notre maison devait devenir le siège de l'Etat Major et nos voisins devaient héberger la troupe. Nos deux familles étaient amies. Ma mère parlait couramment le français, grâce à ses années de pensionnat avant 1914. Elle proposait de la cuisine française. Ainsi a-t-elle pendant longtemps cuisiné pour les officiers français et nos deux familles ne souffraient pas de la faim. La faim était ce qu'il y avait de pire en cette période. En tant que pédiatre, mon père a vu beaucoup de misère dans les familles, des œdèmes et autres maladies chez les enfants. Désespoir des mères qui avaient un enfant de l'occupant, lesquels ont beaucoup souffert d'être des enfants noirs.

Plus tard, lorsque les familles françaises ont rejoint Fribourg, tous les enfants venaient consulter mon père, dans le cas où le médecin militaire ne pouvait pas les soigner. Mon père parlait également le français, puisqu'en 1910 il a obtenu à Strasbourg son diplôme de pédiatre.

De 1917 à 1918, mon père, médecin militaire, soigna un camp de prisonniers de guerre français, près de Heidelberg. Il fut atteint d'une grave tuberculose, dont il ne guérit qu'après la guerre. Depuis 1947, j'ai chanté pendant 40 ans dans la chorale Bach. En 1961, nous donnons notre premier concert à Besançon, ville jumelée avec Fribourg, suivi de deux autres concerts. Depuis 1961, nous avons également donné 3 concerts à l'Eglise des Dominicains à Guebwiller et nous continuons aujourd'hui encore à nous produire dans cette ville. Entre 1961 et 1970, nous avons donné 3 concerts à la Salle Pleyel à Paris et à la radio, 3 concerts à Metz et 3 à la cathédrale de Strasbourg. Au début des années 1960, notre Maître des chœurs, Théodore EGEL a été décoré des Palmes Académiques par le Premier Ministre de l'époque. Notre chœur a également été honoré par cette décoration.

C' était pour nous un besoin de contribuer à la compréhension entre les peuples. Le 11 octobre 1980, le prix de la culture du Haut-Rhin fut remis dans l'Abbaye d'Ottmarsheim à M. Théodore EGEL, pour ses succès avec le chœur de Bach au delà des frontières.

A partir des années 1990, le Professeur BEUERLE, successeur du Professeur EGEL, a donné avec le chœur Bach et, en commun avec le chœur de la cathédrale St Martin de Colmar et son dirigeant, Monsieur ROTH, des concerts à Colmar et à Fribourg.

60 ans après la fin de la guerre, nous constatons toujours, que l'entente entre les peuples se fait par les hommes, par des rencontres partout dans le monde

******

Souvenirs, souvenirs...

«La patrie est un lieu où l'âme est enchaînée»
Voltaire. Le Fanatisme, ou Mahomet le prophète

C'est en feuilletant mes albums photos, un jour de Pâques froid et pluvieux, que j'ai eu l'idée d'écrire ces quelques lignes.

Sous mes yeux défilent deux années de ma vie. J'étais alors jeune colonel à la tête du 6ème régiment du matériel, installé à Rastatt en République Fédérale d'Allemagne. Cela fait déjà plus de 20 ans.

J'ai encore présent à l'esprit le souvenir de ma prise de commandement du régiment, le 1er juillet 1985. La mission de cette formation était à l'époque d'assurer la maintenance de l'ensemble des matériels et systèmes d'armes appartenant aux éléments organiques du deuxième corps d'armée, fer de lance de notre armée de terre, stationnée en Allemagne, totalement orientée face à l'est, prêt à s'engager aux côtés de nos alliés en cas de crise majeure.

Je mesure aujourd'hui l'aspect surréaliste de la situation, le contexte stratégique ayant bien entendu radicalement changé depuis la chute du mur de Berlin, aussi ai-je le sentiment de faire surgir d'un passé pourtant récent quelques «dinosaures».

Quelques semaines plus tard a eu lieu la remise des étendards aux trois chefs de corps des nouveaux régiments du matériel nouvellement créés, fin septembre 1985, sur le gazon du terrain de football d'Oberkirch, par le général Imbot, chef d'état major, en présence de la plupart des hautes autorités de l'armée de terre.

Je redécouvre avec émotion, le reportage photographique du jumelage du régiment avec la ville de Soultz-sous-Forêt en Alsace du Nord. Le maire de l'époque, que je revois encore, présidait la cérémonie avec mon chef, le général commandant le Matériel du deuxième corps d'armée et des forces françaises en Allemagne (FFA), en présence du sous-préfet et de nombreux habitants qui se massaient autour de la place principale de la ville. C'était un samedi d'automne un peu frisquet...

En feuilletant l'album, je m'arrête un peu plus longuement sur quelques photographies d'un reportage qui relate un événement exceptionnel : la seule cérémonie commune que nous ayons eu l'occasion de faire avec nos camarades allemands dans la cour d'honneur du château de Rastatt.

1987, un beau jeudi de printemps ensoleillé, nos deux régiments sont rassemblés dans la majestueuse cour intérieure du château de Rastatt. Il y a ici d'abord la musique régionale du 2ème corps d'armée, puis l'étendard et sa garde, et les six compagnies de la formation française. Viennent ensuite successivement la musique allemande de la «Panzer Division» voisine, le drapeau et sa garde et les cinq compagnies du Bataillon allemand du Matériel, jumelé à notre régiment.

Une tribune est dressée le long des grilles du château, les familles françaises et allemandes sont venues nombreuses assister à la cérémonie et se pressent avant l'arrivée des autorités. Le printemps naissant a fait sortir les robes et les chapeaux multicolores des dames, la tenue «terre de France» des invités des deux autres régiments de la place de Rastatt tranchent avec nos austères tenues de combat portées pour l'occasion.

La cérémonie doit se dérouler en trois phases, la présentation de l'étendard aux jeunes recrues françaises, moment traditionnel qui revient tous les deux mois, à l'issue de la formation des jeunes. Ensuite, nous devons assister au serment des jeunes Allemands devant leur drapeau, c'est aussi le temps fort qui marque la fin «des classes» dans la Bundeswehr. Enfin, le défilé en ville des deux régiments doit couronner l'événement.

A dix heures précises, les deux autorités font leur entrée dans l'enceinte du château, le général commandant le Matériel du 2ème corps d'armée et des FFA, dont l'état-major est situé à Oberkirch, suivi du colonel commandant le Matériel allemand qui a rang de général, et dont le PC, quant à lui, est à Ulm.

Les chefs de corps des deux régiments, accueillent les autorités au garde-à-vous, avec un salut impeccable. Puis tous les quatre nous passons les troupes en revue, nous nous arrêtons successivement devant les deux emblèmes, l'occasion pour les musiques de faire retentir les deux hymnes dans ce décor prestigieux, moment émouvant pour tous.

Chaque régiment procède alors à sa cérémonie traditionnelle.

Les jeunes Français nouvellement affectés au régiment, qui viennent de terminer leurs «classes», sortent des rangs. La présentation à l'étendard consiste à faire défiler l'emblème du «6» devant chacun d'entre eux. Le symbole d'appartenance à un même corps est ainsi mis en avant, il donne le sentiment d'être un élément d'un tout et cristallise l'esprit de corps. Je me souviens que généralement cette traditionnelle cérémonie marquait les esprits car d'une part elle leur était totalement dédiée, et par ailleurs, après deux mois d'instruction militaire, dispensée généralement dans un autre régiment, nos jeunes avaient le sentiment désormais d'appartenir à une communauté soudée autour d'une mission opérationnelle commune.

C'est au tour des jeunes Allemands de prêter fidélité à leur armée, devant leur drapeau. Faut-il y voir un signe, les chants traditionnels entonnés par ces jeunes, non seulement font vibrer les vitres du château mais nous surprennent nous Français car nous ne connaissons pas cette tradition, ces chants sont parfaitement interprétés. La curiosité réciproque de chacun des participants qui assiste à l'événement dans ce lieu prestigieux, suscite l'émotion et engendre un grand recueillement... pas le moindre murmure dans les rangs.

Successivement, les deux autorités prennent la parole pour souligner l'importance et la rareté de l'événement. En effet, c'est la première fois que ces cérémonies traditionnelles des deux armées sont organisées en commun. Les hymnes retentissent une dernière fois puis les troupes prennent les dispositions préparatoires pour le défilé en ville.

Deux kilomètres environ séparent le château de la caserne allemande qui compose la quasi-totalité du 6ème régiment du matériel.

Musique en tête de chaque régiment, nous passons devant les autorités et les invités rassemblés devant les grilles du château.

Le défilé s'ébranle donc dans les rues de la ville sous les yeux éberlués des habitants, surpris par l'événement. Pensez donc, on n'avait jamais vu un défilé militaire depuis la dernière guerre ! A l'évidence, la fierté se lit sur les visages des jeunes de pouvoir défiler à pied dans les rues d'une ville qu'ils découvrent.

Avant de conclure cette matinée autour du traditionnel pot de l'amitié, nous nous rassemblons tant bien que mal dans la cour du quartier, trop petite pour l'occasion, afin de rendre les honneurs à nos deux emblèmes.

Le temps de réintégrer les armes dans les magasins dans le calme et dans l'ordre, chacun se dirige vers l'immense gymnase du régiment pour écouter attentivement les allocutions de nos deux généraux, puis celles des invités politiques allemands présents pour l'occasion. Le rassemblement se termine par le discours de chaque chef de corps soulignant, chacun en ce qui le concerne, l'importance pédagogique et la symbolique de l'événement que nous venons de vivre. L'échange des cadeaux et des insignes met un terme à notre rencontre qui restera pour les uns comme pour les autres un incontestable temps fort dans la vie de nos deux formations.

Le «6» quittera l'Allemagne environ dix ans plus tard, pour rejoindre la garnison de Phalsbourg, sa portion centrale vient encore de déménager l'été dernier à Besançon. Ainsi va la vie des formations, au gré des réorganisations, quand elles ne sont pas purement et simplement dissoutes !...

Le général commandant le Matériel du deuxième corps d'armée et des FFA, prit la tête de la Direction Centrale du Matériel de l'armée de terre en 1988 à Paris... J'ai eu l'honneur et la chance de lui succéder quelques années plus tard...

Quant à nos amis allemands, j'ignore ce qu'ils sont devenus. Le «6» ayant quitté l'Allemagne, n'entretient plus de relations avec son bataillon jumelé. La mémoire collective, je l'ai constaté de nombreuses fois dans notre armée, a tendance à s'estomper très vite. C'est dommage.

Je suis persuadé aujourd'hui qu'une bonne partie de ce beau monde, qu'ils soient Français ou Allemand, jouit d'une retraite bien méritée.

Cet événement, faut-il le souligner, est exceptionnel, je n'ai pas eu connaissance qu'il se soit reproduit avant le départ des Français d'Allemagne dans les années 90. Toutefois, il préfigurait la réalité quotidienne d'aujourd'hui, puisqu'au sein de la Brigade Franco-Allemande nos forces sont enfin rassemblées, puis projetées depuis quelques années dans plusieurs théâtres d'opérations extérieures.

N'était-il pas émouvant d'assister aux cérémonies du 60ème anniversaire de la libération de Mulhouse avec la présence du Bataillon de commandement et de soutien de la brigade, dont les emblèmes, drapeau et étendard, sont réunis au cœur d'une même garde franco-allemande ? Nous avons tellement besoin aujourd'hui de ce genre de symbole alors que nous avons parfois peur d'être patriote, que je me devais de vous relater cet épisode.

Jacques NEUVILLE

Souvenirs, souvenirs...

«La patrie est un lieu où l'âme est enchaînée»
Voltaire

Als ich an einem regnerischen Tag, in einem Fotoalbum meine Erinnerungen wach rief, kam mir der Gedanke diese Zeilen zu schreiben.

Zwei Jahre meines Lebens ziehen an meinen Augen vorbei. Ich war damals ein junger Oberst in der französischen Armee, Kommandant des 6. Materialregimentes das in RASTATT, (Bundesrepublik Deutschland) stationniert war, und ganz nach Osten orientiert, bereit sich neben unseren Alliierten zu engagieren, im Falle der Gefahr. Während ich im Album weiter blätterte, hielt ich mich längere Zeit an Bildern eines seltenen Ereignisses fest. Mit unseren deutschen Kameraden, nahmen wir im Ehrenhof des Schlosses an einer gemeinsamen Militärparade teil. Zuerst spielte die Musik des zweiten Armeekorps, dann kam die Flagge mit ihrer Garde sowie die 6. Kompanien des Regiments. Dann folgten die deutsche Musik der Panzerdivision, die Flagge mit ihrer Garde, und die 5 Kompanien des deutschen Materialbatallions, das mit dem französischen Regiment verbrüdert war.

Eine Tribüne war im Ehrenhof des Schlosses aufgestellt. Zahlreiche deutsche und französische Familien drängten sich gegen den Zaun und warteten auf die offiziellen Persönlichkeiten. Punkt 10 Uhr kamen die beiden Regimentskommandanten, und neigten sich vor den beiden Flaggen, während die Musik die deutsche und die französische Nationalhymne spielte. Das war für alle Anwesenden ein ergreifender Moment.

Dann folgte für jedes Regiment die traditionelle Zeremonie. Die Flagge des französischen Regiments wurde jedem Rekruten präsentiert. Es war nun an der Reihe der jungen Deutschen, ihrer Armee Treue zu schwören. Sie sangen deutsche Lieder, die uns Franzosen überraschten, weil wir diese Tradition nicht kennen, die aber bei den Anwesenden viel Emotion und eine grosse Andacht auslöste. Die beiden Kommandanten hoben dann die Seltenheit und die Bedeutung dieses Ereignisses hervor. In der Tat, war es das erste Mal, dass diese traditionnelle Zeremonie gemeinsam organisiert wurde.

Die Truppen stellten sich dann auf und marschierten an den Autoritäten und den Gästen vorbei, während zum letzten mal die beiden Nationalhymnen ertönten. Dann marschierten sie durch die Strassen der Stadt, zur grössten Überraschung der Bevölkerung. Seit dem letzten Krieg gab es keine Militärparade mehr. Die jungen Deutschen und Franzosen, waren offentsichtlich stolz, zusammen durch die Strassen der Stadt marschieren zu dürfen.

Nach der Parade versammelten wir uns im Kasernenhof, um uns vor den beiden Flaggen zu verneigen. Dann, hörten wir den Ansprachen der beiden Generäle zu, sowie den deutschen politischen Gästen. Die Kommandanten der beiden Regimenter, betonten dann noch einmal die pädagogische und symbolische Bedeutung dieses Ereignisses, das für alle Teilnehmer ein unbestreitbarer Höhepunkt im Leben beider Regimenter ist. Es ließ die Realität von heute erahnen, denn unsere Truppen sind, im Rahmen der Deutsch-Französischen Brigade, endlich wieder zusammen, und sind, seit einigen Jahren an mehreren auswärtigen Operationen beteiligt.

Durch die Anwesenheit eines Batallions der Deutsch-Französischen Brigade an den Festlichkeiten des 60. Jahrestages der Befreiung von Mulhouse, im November 2004, standen beide Flaggen unter derselben Deutsch-Französischen Garde. Es war ein grosser Moment der Besinnlichkeit und der Emotion.

Wir brauchen solche Symbole, Man hat manchmal Angst ein Patriot zu sein, darum halte ich es für meine Pflicht, dieses Ereignis zu schildern.

Kindheitserinnerungen an die Kriegs und Nachkriegszeit 1939 bis 1945

Geboren im Elztal im September 1930 bin ich in Lörrach im Wiesental aufgewachsen und dort auch zur Schule gegangen. Zum Kriegsbeginn am 1.9.1939 war ich gerade neun Jahre alt.

Ich erinnere mich noch, daß mein Vater und auch andere, mir bekannte Männer überhaupt keine Euphorie zum Kriegsbeginn mit Polen sowie ab 3.9.1939 mit unserem Nachbarland Frankreich und mit England zeigten, sondern eher ernst und beinahe traurig wirkten. Auch die Frauen und Mütter waren in tiefer Sorge um die Zukunft ihrer Männer und Söhne.

Als unmittelbare Folge des Kriegsausbruchs wurden alle Lebensmittel rationiert und die meisten Gebrauchsgegenstände des täglichen Lebens waren nur noch mit Bezugscheinen zu bekommen (z.B. Schuhe und Kleider).

Aus dem Spätherbst 1939 ist mir noch in Erinnerung, daß neben dem Stellwerk an der Schwarzwaldstraße in Lörrach ein großes Eisenbahngeschütz in Stellung gebracht worden war.

Im Frühjahr 1940 wurde durch die französische Artillerie das Oberdorf von Haltingen in Brand geschossen. Wir Kinder konnten von Lörrach aus den Feuerschein der brennenden Häuser über dem Höhenrücken des Käferholzes deutlich erkennen.

Ebenfalls im Frühjahr 1940 ist mein Vater (Jahrgang 05) zur Wehrmacht eingezogen worden. Während der gesamten Kriegsdauer war er an der Ostfront eingesetzt und damit für mich «verloren», denn außer an wenigen Fronturlaubstagen sah ich meinen Vater bis zum Sommer 1946 nicht mehr. Das waren eben keine guten Jahre !

Wegen zunehmendem Mangels an Lehrkräften hatten wir in den Jahren ab 1941 oft Unterrichtsausfall.

Nach dem Waffenstillstand mit Frankreich (1940) bekamen wir vorübergehend auch Lehrer aus dem Elsaß an die Hebelschule in Lörrach. Noch lange nach Kriegsende hatte unsere Klasse Verbindung mit einem älteren Lehrer aus dem Sundgau, der zu unseren 50 und 60 Jahrfeiern stets eingeladen und herzlich begrüßt wurde. Wir Kinder wurden zwischen 1942 und 1944 auch zum Heilkräutersammeln (u.a. Arnika und Birkenlaub) und auch zum Ablesen von Kartoffelkäfern und ihren Eiern eingeteilt. Auch Mithilfe bei Erntearbeiten und zum Vieh hüten war gefragt...

In meiner Erinnerung ist noch eine kleine Episode aus jenen Kriegsjahren geblieben : Wir hatten im Geographieunterricht Frankreich auf dem «Programm». Unter anderem wurde vom Lehrer darauf hingewiesen, daß in Frankreich ca. 80 Prozent der Bevölkerung katholischen Glaubens sei. Auf meine Frage, warum dann immerhin rund 50 Prozent deutsche Katholiken auf französische Katholiken schießen würden, erhielt ich natürlich eine ausweichende, nichtssagende Antwort. Im übrigen waren in den Jahren zwischen 1940 und 1944 alle Buben und Mädchen auch des Jahrgangs 1930 im Jungvolk oder im Bund Deutscher Mädel organisiert. Mindestens wöchentlich einmal war Dienst und man hatte anzutreten. Fehlte man unentschuldigt, erhielt die Mutter einen «blauen Brief», das heißt, sie wurde nachdrücklich ermahnt.

Ende 1944 ging es mit dem Deutschen Reich rapide bergab. Allierte Streitkräfte hatten die linke Rheinseite besetzt und schossen mit Schrapnellgranaten auch nach Lörrach. Zudem griffen Jagdbomber alles sich Bewegende an. Ein Zugverkehr am Tage war völlig ausgeschlossen, da besonders Lokomotiven angegriffen und beschädigt oder ganz zerstört wurden.

Mit meiner Mutter und meinem 1941 geborenen Bruder verließen wir Anfang Dezember 1944 Lörrach und fuhren nachts mit einem von einer großen Dampflokomotive gezogenen Zug von Lörrach über Schopfheim - Säckingen - Waldshut - Immendingen - Donaueschingen durch das Höllental Richtung Freiburg, wo im Freiburger Hauptbahnhof damals nichts mehr lief, da das Stadtzentrum am 27.11.1944 durch einen Luftangriff total zerstört wurde.

Meine Mutter mußte mit uns beiden Kindern vom Bahnhof Freiburg-Wiehre bis nach Freiburg-Zähringen am Schloßberg vorbei zu Fuß gehen. Wir sahen das beschädigte Münster und die zerstörten Häuser im Stadtzentrum. Den Brandgeruch habe ich noch heute in der Nase. Mit Mühe erreichten wir im Laufe des späten Abends Kollnau im Elztal, wo meine Großeltern wohnten. Dort haben wir in einem katholischen Schwesternhaus auch den Einmarsch französischer Truppen Ende April 1945 erlebt. Von Januar bis März 1945 war meine Mutter noch zum Schanzen am Kaiserstuhl eingeteilt, eine schreckliche Erinnerung. Meine Großeltern und ich waren stets in Sorge um sie, und wir waren immer froh, wenn sie abends wieder gesund zurückkehrte.

Vom Einmarsch der französischen Truppen ist mir in Erinnerung geblieben, daß ein Soldat (wohl Elsässer) mich fragte, ob ich eine Schwester hätte. Dies mußte ich «mangels Masse» verneinen... Beim Abgang dieser französischen Kampftruppen hinterließ mir dieser freundliche Soldat einige Kistchen mit Marschverpflegung, die uns in der Familie noch längere Zeit über die auf das Kriegsende folgenden schwierigen Monate hinweg halfen...

Im Sommer 1945 wollte meine Mutter mit uns Kindern wieder nach Lörrach zurückkehren. Da Lörrach eine geschlossene Stadt war, mußte dazu beim Militär-Gouvernement in Freiburg ein Passierschein besorgt werden. Also fuhr ich von Kollnau mit meinem Fahrrad, begleitet von einem älteren Herrn, nach Freiburg, um diesen Passierschein zu besorgen.

Dabei stand ich wartend vor dem Gouvernementsgebäude, als ein französischer Soldat herauskam und mich um mein Fahrrad bat, welches er für kurze Zeit benötige. Mir blieb nichts anderes übrig, als ihm das Fahrrad zu überlassen. Dabei dachte ich natürlich : jetzt ist das Fahrrad weg, das du gut über das Kriegsende gebracht hast.

Umso größer war aber mein Erstaunen und meine Freude als nach etwa einer Viertelstunde der Soldat mit meinem Fahrrad wieder auftauchte und es mir mit einem «Merci» zurück gab !

Ein Wenig haben all diese Erlebnisse bei mir wohl dazu geführt, einen großen Respekt vor den Bürgern der Republik Frankreich zu haben. Es ist deshalb auch nicht verwunderlich, daß mein Sohn und meine Tochter als erste Fremdsprache Französisch gelernt haben.

Zudem verbrachten meine Familie und ich über drei Jahrzehnte lang unsere Sommerferien stets an der französischen Riviera in der Nähe von Cannes.

Seit einem Schüleraustausch im Jahre 1978 verbindet eine echte Freundschaft meine Familie mit einer französischen Familie aus dem Departement Nièvre im Innern Frankreichs... Diese gegenseitige Freundschaft ist für beide Seiten bedeutungsvoll und hat ein hohes Maß an gegenseitigem Vertrauen und Verständnis füreinander geschaffen.

So darf ich abschließend sicher festhalten :

Es lebe die deutsch-französische Freundschaft auch in Zukunft !

Herman AMANN

Souvenir d'enfance, de guerre et d'après guerre

Je suis né en septembre 1930 dans l'Elztal et j'ai grandi à Lörrach où je suis allé à l'école. Le 1er septembre 1939, au début de la guerre, j'avais tout juste 9 ans.

Je me souviens que mon père et d'autres hommes que je connaissais, ne montraient absolument aucun enthousiasme, ni pour le début de la guerre en Pologne, ni pour la guerre avec notre voisin la France et l'Angleterre à partir du 3 septembre 1939, mais qu'ils paraissaient plutôt tristes et sérieux. Les femmes et les mères étaient très soucieuses pour l'avenir de leurs maris et de leurs fils.

La conséquence immédiate de ce début de guerre, fut le rationnement de l'alimentation et de la plupart des articles de la vie courante. On ne pouvait plus rien obtenir sans ticket (ex. chaussures, vêtements, etc).

Je me souviens aussi qu'en automne 1939, une batterie a été installée à côté du poste d'aiguillage. Au printemps 1940, le village de Haltingen fut incendié par l'artillerie française. Nous pouvions parfaitement reconnaître, à partir de Lörrach, la lueur des maisons qui brûlaient. C'est également au printemps 1940, que mon père fut mobilisé dans la Wehrmacht. Pendant toute la durée de la guerre, il fut engagé sur le front de l'Est, donc perdu pour moi, car en dehors des quelques jours de permission, je n'ai pas revu mon père avant l'été 1946. Ce n'étaient pas de bonnes années.

A partir de 1941, nous n'avions souvent pas classe en raison du manque de personnel. Après l'armistice signé avec la France en 1940, nous avions provisoirement des instituteurs venus d'Alsace, redevenue allemande. Longtemps encore après la guerre, notre classe a gardé des contacts avec un instituteur âgé du Sundgau, qui était régulièrement invité à nos anniversaires et chaleureusement accueilli.

Entre 1942 et 1944, nous les enfants, étions requis pour chercher des plantes médicinales (entre autres de l'arnica et des feuilles de bouleau), ou pour ramasser les doryphores et leurs œufs. On nous appelait aussi pour des travaux ménagers ou pour garder des animaux.

Un autre épisode est resté dans mes souvenirs : lors d'un cours de géographie, la France était au programme. L'instituteur nous enseignait que 80 % de la population française était catholique. A ma question pourquoi 50 % de catholiques allemands tiraient sur les catholiques français, je n'ai reçu qu'une réponse évasive qui ne voulait rien dire.

En 1940 et 1944, tous les garçons et les filles étaient intégrés dans des mouvements de jeunesse. Nous étions de service au moins une fois par semaine et nous devions être présents. Si nous manquions sans excuse, notre mère recevait une «lettre bleue», c'est-à-dire qu'elle recevait un sérieux avertissement.

A partir de 1944, le Reich déclinait rapidement. Les troupes alliées occupaient la rive gauche du Rhin et tiraient des obus, également sur Lörrach. En outre, ils bombardaient tout ce qui bougeait. Un trafic ferroviaire de jour, était totalement exclu.

En décembre 1944, ma mère, mon frère, né en 1941 et moi-même avons quitté Lörrach pour nous rendre de nuit avec un train, tiré par une locomotive à vapeur, à Kollnau, où habitaient mes grands-parents. Le train s'arrêta à Fribourg, qui venait d'être bombardé. Tout le centre ville était détruit. Nous devions traverser tout Fribourg à pied pour aller de la gare principale où rien ne fonctionnait plus, à la gare de Fribourg-Zähringen. Nous avons vu la cathédrale endommagée lors d'un bombardement du 27.11.1944 ainsi que les maisons du centre ville, détruites. Je sens aujourd'hui encore l'odeur de la fumée. C'est avec peine, que nous sommes arrivés dans la soirée à Kollnau. C'est là que nous avons vécu dans une communauté de religieuses catholiques, jusqu'à l'entrée des troupes françaises fin avril 1945. Ma mère a encore été requise pour creuser des tranchées dans le Kaiserstuhl. Mes grands-parents et moi-même étions constamment inquiets et contents lorsqu'elle revenait à la maison le soir, saine et sauve.

De l'entrée des troupes françaises, je me souviens qu'un soldat (sans doute un Alsacien) me demanda si j'avais une sœur. J'ai répondu par la négative. Lorsque les troupes françaises partirent, cet aimable soldat me laissa quelques caissettes de rations militaires qui nous ont aidé à traverser les durs mois avant la fin de la guerre.

En été 1945, ma mère voulait retourner à Lörrach. Comme Lörrach était une ville «fermée», nous devions solliciter un laisser-passer auprès du gouvernement militaire de Fribourg. Je partis donc à bicyclette de Kollnau à Fribourg, accompagné d'un vieux monsieur de Kollnau, afin de chercher ce document. Alors que j'attendais devant le bâtiment du gouvernement, un soldat français sortit de l'immeuble et me pria de lui prêter mon vélo pour un court moment. Je ne pouvais faire autrement que d'accéder à sa demande, tout en me disant que je ne reverrai plus mon vélo, que j'avais préservé jusqu'à la fin de la guerre.

J'étais d'autant plus surpris et heureux lorsque le soldat revint un quart d'heure plus tard, me rendit mon vélo avec un «Merci».

Tous ces événements ont un peu contribué à m'inspirer un grand respect pour les habitants de la République Française. C'est également pour cette raison qu'il n'est pas étonnant que mon fils et ma fille ont appris le français, comme première langue étrangère.

En outre, ma famille et moi-même avons passé pendant plus de 30 ans nos vacances à la Riviera française, près de Cannes.

Depuis un échange scolaire en 1978, une profonde amitié nous lie à une famille française du département de la Nièvre. Cette amitié réciproque est pleine de sens pour les deux partis et a créé au plus haut point, une confiance et une compréhension réciproques.

C'est ainsi qu'en conclusion je peux dire :

«Vive l'amitié Franco-Allemande»

Message d'espoir

C'est toujours avec beaucoup de joie et de plaisir que le Conseil des Anciens accueille les jeunes.

La jeunesse, c'est l'avenir, l'enthousiasme, l'exubérance, c'est la faculté d'entreprendre des actions désintéressées, de tendre vers un objectif, souvent utopique, mais qui nous rappelle nos jeunes années.

Nous aussi, nous étions animés d'un esprit chevaleresque, romantique, prêts à bouleverser l'ordre des choses «du monde» avec générosité, fougue, tendant vers l'Idéal !

La vie, pour nous, les anciens, s'est chargée de relativiser, de mettre un bémol à nos actions, tant d'imprévus ont bouleversé nos existences, le temps s'est chargé de nous faire prendre conscience que rien, jamais n'est acquis, définitif, figé.

Faut-il pour autant laisser un message négatif le jour du grand voyage ? Non, les jeunes c'est l'espoir, la relève, le désir de changer les comportements, de bouleverser l'immobilisme. Pourquoi alors ne pas tenir compte des expériences positives des aînés ? Vaste question. Les hommes ont souvent refait les mêmes erreurs, engendrant les mêmes peines, pourquoi céder au fatalisme ? Il est vrai que tout change si vite dans ce monde dit «Moderne».

Ni les jeunes, ni les aînés ne détiennent les clefs de l'Idéal, mais, par les consultations diverses, peut-être pouvons nous essayer de s'en approcher, de nos discussions peut jaillir une étincelle, laquelle peut provoquer une flamme et entretenir le feu de nos consciences, seul guide de nos actes...

Cette voix intérieure doit guider nos pas, nous permettre d'aborder un jour l'automne de nos vies, l'âme en paix, l'esprit tranquille, avec le sentiment d'avoir vécu notre passage sur cette terre avec sérénité, en accord avec nous-mêmes et toujours dans le respect du DEVOIR !

Les anciens jeunes ne veulent pas faire dans le paternalisme en vous conseillant quoi que ce soit, ils veulent simplement vous rendre attentifs à un vieil adage, qui dit :

«Ami, si tu diffères de moi, loin de me léser, tu m'enrichis»

La route est longue et pleine d'embûches, mais mérite d'être vécue, parcourue, avec un seul message :

Aimez tout le monde, en opposition avec tous ceux qui souffrent de penser le contraire.

Roger KLEIN

Hoffnungsbotschaft

Es ist für den Seniorenbeirat immer eine Freude, Jugendliche zu empfangen. Die Jugend ist Zukunft, Begeisterung, Übermut. Sie hat die Fähigkeit selbstlose Taten zu unternehmen, sich für Ziele einzusetzen, die manchmal Utopien sind, die uns an unsere jungen Jahre erinnern.

Auch wir waren von einem besonderen Geist beseelt, bereit, die Ordnung der Dinge durcheinander zu bringen, mit Grosszügigkeit und Übermut, nach einem Ideal strebend.

Für uns Senioren hat das Leben dafür gesorgt, unser Tatendrang zu dämpfen. Soviel Unerwartetes hat unser Leben erschüttert. Die Zeit hat uns gelehrt, dass nichts, niemals entgültig gewonnen oder verloren ist.

Sollen wir darum eine negative Botschaft hinterlassen am Tag der grossen Reise ? Nein, die Jugend ist die Hoffnung, die Ablösung, sie hat den Wunsch das Verhalten der Menschen zu ändern, den Stillstand zu verhindern. Warum dann die positiven Erfahrungen der Älteren nicht berücksichtigen ?

Das ist die grosse Frage. Die Menschen haben öfters dieselben Fehler gemacht, die dieselben Leiden hervorriefen. Es ist wahr, dass sich alles schnell ändert in dieser modernen Welt.

Weder die Jugend, noch die Senioren besitzen den Schlüssel zur Weißheit. Aber durch verschiedene Diskussionen können wir versuchen einem Ideal näher zu kommen. Aus unseren Beratungen kann ein Funke sprühen, der eine Flamme entzünden kann, und das Feuer unseres Bewusstseins unterhalten, als Führer unserer Taten.

Diese innere Stimme muss unsere Schritte führen und uns erlauben eines Tages dem Herbst unseres Lebens mit zufriedener Seele und ruhigem Geiste entgegenzusehen mit dem Gefühl, unseren Durchgang auf dieser Erde mit Heiterkeit erlebt zu haben, zufrieden mit uns selbst immer unsere Pflicht getan zu haben.

Die Jungen von früher wollen die heutige junge generation nicht bevormunden, indem sie ihnen Ratschläge erteilen, sie wollen sie nur auf ein altes Sprichwort aufmerksam machen, das lautet !

«Freund, wenn du anders denkst als ich, statt mich zu verletzen, bereicherst Du mich.»

Der Weg ist weit und voller «Fallen», aber es lohnt sich ihn zu gehen mit einer einziger Botschaft :
«Liebet alle Menschen im Gegensatz derjenigen die daran leiden, anders zu denken.»

Conseil des Anciens de la ville de Mulhouse
Commission Mémoire Collective

Stadtseniorenrat Freiburg

**Remerciements**

Nous remercions les rédacteurs, les traducteurs, les correcteurs ainsi que toutes les personnes qui de près ou de loin ont contribué à la réalisation de cet ouvrage.
Un grand merci à tous ceux qui ont accepté de livrer leurs témoignages ou de communiquer des documents.

Wir danken den Redakteuren, Übersetzer, Korrektoren, und sämtliche Personen, die uns bei der Vollendung dieses Werkes geholfen haben.
Unser Dank geht auch an die Diejenige die uns ihre Geschichten, und Dokumente zu Verfügung gestellt haben.

Sommaire / Inhaltsverzeichnis

AVANT LA GUERRE / VOR DEM KRIEG

PENDANT LA GUERRE / WÄREND DES KRIEGES

APRES LA GUERRE / NACH DEM KRIEG

AMITIE FRANCO-ALLEMANDE

Achevé d'imprimer en septembre 2007
sur les presses de l'imprimerie RUGE
25 rue de la Fidélité 68200 MULHOUSE, France

Dépôt légal N° 38507
ISBN 2-915836-44-2